# SABIDURÍA ESTOICA

# Tabla De Contenido

# Ser un estoico

Ser un estoico es abrazar la serenidad en medio de la tormenta, encontrar la paz interior cuando el caos reina afuera. Es comprender que la vida, como un río, fluye con sus corrientes inevitables, y nuestra tarea es aprender a navegar con sabiduría, aceptando aquello que no podemos cambiar y centrando nuestro esfuerzo en lo que sí podemos influir.

El estoico observa la vida con los ojos de la razón y el corazón lleno de virtud. Reconoce que la verdadera libertad reside en el control de uno mismo, en la capacidad de responder con ecuanimidad ante las circunstancias cambiantes. Como un árbol que se mantiene firme en la tormenta, el estoico encuentra su fuerza en las raíces profundas de la moralidad y la ética, sabiendo que la virtud es el verdadero camino hacia la felicidad.

En la práctica estoica, la muerte no es un enemigo, sino una maestra que nos recuerda la finitud de nuestra existencia y la importancia de vivir con propósito. Al aceptar la naturaleza transitoria de la vida, el estoico se libera del miedo y la ansiedad, cultivando una vida plena y significativa, enfocada en el bien común y en el crecimiento personal.

Así, ser estoico es una danza continua entre la reflexión y la acción, entre la aceptación y el esfuerzo. Es un viaje hacia la excelencia moral, donde cada desafío se convierte en una oportunidad para fortalecer el carácter, y cada momento es una invitación a vivir con integridad y compasión. En el corazón del estoicismo, encontramos una simple verdad: la clave de una vida buena está en cómo elegimos vivirla, no en lo que el destino nos depara.

# El estoico es fuerte

El estoico es fuerte, no en la fuerza física que dobla el acero, sino en la fortaleza del espíritu que permanece inquebrantable ante la adversidad. Su fuerza reside en la capacidad de mantenerse sereno ante los embates de la vida, como una roca que no se mueve con la marea, sino que se yergue imponente y serena, resistiendo el tiempo y la tormenta.

Esta fortaleza no es un escudo de dureza, sino una expresión de resiliencia, una capacidad para adaptarse sin perder la esencia. El estoico entiende que la verdadera fortaleza es la habilidad de encontrar paz en medio del caos, de cultivar la alegría en medio de las pruebas, de responder con paciencia y compasión cuando el mundo parece exigir dureza y frialdad.

El estoico es fuerte porque no se deja llevar por el viento de las emociones pasajeras, sino que se guía por los principios eternos de la razón y la virtud. En cada desafío, encuentra una oportunidad para demostrar su carácter, para vivir de acuerdo con sus valores, y para enseñar con su ejemplo que la verdadera fortaleza es el control sobre uno mismo.

Así, la fuerza del estoico no es visible en su exterior, sino en la calma de su mirada, en la serenidad de su voz, en la firmeza de sus decisiones. Es una fuerza que inspira, que eleva, que ilumina el camino de quienes buscan en la vida algo más que la mera supervivencia. Es la fuerza de la sabiduría, de la templanza, y del coraje moral, que hace del estoico un faro de esperanza en un mundo cambiante y a veces turbulento.

# Un estoico nunca se rinde

Un estoico nunca se rinde, pues en su alma arde la llama de la perseverancia y el compromiso con la virtud. La rendición no es un término en su vocabulario, porque entiende que la verdadera batalla se libra en el interior, donde el dominio de uno mismo es el mayor triunfo. Su fuerza no reside en evitar las dificultades, sino en enfrentarlas con una voluntad indomable y un corazón lleno de coraje.

Como el río que, pese a los obstáculos, encuentra su camino hacia el mar, el estoico sigue adelante, adaptándose a las circunstancias sin perder de vista su propósito. Sabe que la vida es una serie de pruebas y desafíos, y cada uno es una oportunidad para fortalecer su carácter, para demostrar su resiliencia, y para crecer en sabiduría.

El estoico nunca se rinde porque ha aprendido a ver más allá de las apariencias temporales de la derrota. Sabe que el fracaso no es el fin, sino un maestro que enseña, que el dolor es una señal de crecimiento, y que cada caída es una preparación para levantarse con mayor fuerza. En su camino, las adversidades son como el viento que forja el acero, refinando su espíritu y consolidando su compromiso con una vida de excelencia moral.

Así, un estoico camina por la vida con una determinación tranquila, una fe inquebrantable en su capacidad para superar cualquier obstáculo. Nunca se rinde, porque sabe que el verdadero enemigo no está en el mundo externo, sino en la mente que se resigna al fracaso. En su ser, la rendición no tiene cabida, porque su espíritu está siempre en marcha, buscando, aprendiendo, y creciendo, como un faro que brilla incesante en la noche.

# Aléjate de las malas vibras

Aléjate de las malas vibras, pues como el navegante que evita las aguas turbulentas, elige tus compañías y ambientes con sabiduría. Las malas vibras, como nubes oscuras, pueden oscurecer el brillo de tu espíritu, desviarte de tu camino y contaminar tu serenidad interior. Un estoico sabe que la mente es un jardín sagrado que debe ser cultivado con cuidado, protegiéndolo de las malas influencias que buscan sembrar discordia y desaliento.

Así como un sabio jardinero arranca las malas hierbas que pueden asfixiar sus flores, aléjate de aquellos que alimentan la negatividad, la crítica destructiva, y el desánimo. Rodéate de personas que eleven tu alma, que compartan tus valores y aspiraciones, que te inspiren a ser mejor y a ver la belleza en el mundo. En la elección de tus amistades y en los lugares que frecuentas, refleja tu amor por la virtud, la paz y la armonía.

Pero aléjate sin rencor, sin resentimiento, pues el estoico no guarda en su corazón lugar para el odio o la amargura. Aléjate con compasión, reconociendo que cada uno tiene su propio camino y sus propios retos que enfrentar. En tu alejamiento, busca siempre mantener la dignidad y la integridad, actuando con bondad y respeto.

Recuerda que el mundo externo es un reflejo del mundo interno; aléjate de las malas vibras, pero también cultiva en ti mismo la paz, la alegría y la bondad. Al hacerlo, no solo te proteges de la negatividad externa, sino que también te conviertes en una fuente de luz para quienes te rodean. Así, aléjate de las malas vibras y permite que tu espíritu brille con la claridad de una mente tranquila y un corazón lleno de amor.

# La fuerza interior del estoico

La fuerza interior del estoico es como una llama constante que ilumina su camino, un faro que guía su vida en momentos de calma y tormenta. Esta fuerza no nace de la resistencia física ni de la ausencia de miedo, sino de una profunda comprensión de sí mismo y del mundo que lo rodea. Es el fruto de una vida dedicada a la reflexión, la autodisciplina y el cultivo de la virtud.

En el corazón del estoico reside una serenidad inquebrantable, una aceptación consciente de la naturaleza efímera de todas las cosas. Esta aceptación no es resignación, sino una poderosa liberación que permite al estoico actuar con valentía y claridad, sin las cadenas del miedo al fracaso o la pérdida. Sabe que lo único que realmente posee es su propio carácter, su capacidad para elegir cómo responder a las circunstancias de la vida.

La fuerza interior del estoico es también una fuerza de resiliencia, una capacidad para adaptarse y perseverar ante las adversidades. Como un junco que se dobla, pero no se rompe bajo el viento, el estoico enfrenta las dificultades con una actitud flexible, sin perder su centro ni sus principios. Esta resiliencia es una combinación de paciencia, coraje y esperanza, que le permite ver cada desafío como una oportunidad para el crecimiento personal.

La fuerza interior del estoico se manifiesta en su amor por la humanidad y su compromiso con el bien común. Aunque es autosuficiente, no es indiferente; su fortaleza le permite ser compasivo y empático, extendiendo su mano para ayudar a otros a encontrar su propio camino hacia la paz y la sabiduría. En su corazón, la fuerza interior es una llama que no solo ilumina su propio camino, sino también el de quienes buscan la luz en medio de la oscuridad.

# Resiliencia en el camino estoico

La resiliencia en el camino estoico es como el agua que fluye suavemente, adaptándose a la forma de la tierra, sin perder su esencia. Es una cualidad que permite al estoico enfrentarse a los altibajos de la vida con una serenidad firme y un espíritu invencible. En la resiliencia, el estoico encuentra la fuerza para superar las adversidades, aprender de ellas y seguir adelante, siempre buscando la sabiduría y la virtud.

En el corazón de la resiliencia está la aceptación del cambio, el reconocimiento de que la vida es una serie de transformaciones constantes. El estoico entiende que resistirse a lo inevitable es una fuente de sufrimiento, mientras que aceptar y adaptarse a la realidad es el camino hacia la paz interior. Esta aceptación no es pasiva, sino una elección activa de vivir en armonía con la naturaleza, abrazando cada experiencia como una lección valiosa.

La resiliencia también se nutre de la capacidad de encontrar significado en la adversidad. Para el estoico, los desafíos no son meros obstáculos, sino oportunidades para fortalecer el carácter y profundizar en la comprensión de uno mismo y del mundo. Cada dificultad enfrentada con coraje y dignidad se convierte en un testimonio de la fortaleza interior, una prueba de que el espíritu humano puede crecer incluso en las circunstancias más difíciles.

La resiliencia en el estoicismo implica una profunda autocompasión y paciencia. El estoico reconoce sus propias limitaciones y errores sin juzgarse con dureza, entendiendo que el camino hacia la excelencia moral es un proceso continuo. Esta autocompasión le permite levantarse después de cada caída, renovar su compromiso con la virtud y seguir adelante con una mente tranquila y un corazón renovado.

La resiliencia en el camino estoico es una expresión de amor por la vida en todas sus facetas, una celebración de la capacidad humana para superar, adaptarse y florecer. Es un recordatorio de que, aunque no podemos controlar todas las circunstancias, siempre podemos controlar nuestra actitud hacia ellas, transformando cada experiencia en un paso más hacia la sabiduría y la libertad interior.

# Persistencia y determinación

La persistencia y la determinación son pilares fundamentales en la filosofía estoica, cualidades que reflejan la fortaleza del espíritu y la claridad de propósito. Estas virtudes son la expresión de un compromiso profundo con la excelencia y la virtud, un deseo constante de avanzar en el camino del autoconocimiento y la mejora personal.

La persistencia, en su esencia, es la capacidad de seguir adelante a pesar de las dificultades y los contratiempos. Como una montaña que se mantiene firme frente al viento y la lluvia, el estoico se mantiene fiel a sus principios y objetivos, sin dejarse desviar por las pruebas de la vida. Esta perseverancia es un testimonio de la fuerza de su convicción, de su fe en el valor de la virtud y en la posibilidad de mejorar cada día.

La determinación, por otro lado, es la fuerza interior que impulsa al estoico a actuar con resolución y coraje. Es una claridad de propósito que nace del conocimiento de uno mismo y de lo que verdaderamente importa en la vida. Con esta determinación, el estoico afronta cada desafío con una mente enfocada y un corazón resuelto, sabiendo que el camino hacia la sabiduría y la libertad requiere esfuerzo y dedicación.

Juntas, la persistencia y la determinación forman un escudo contra la desesperanza y la duda. Son las cualidades que permiten al estoico superar las pruebas más duras, transformar las dificultades en oportunidades de crecimiento, y mantener la calma y el equilibrio en medio de la tempestad. En cada paso, estas virtudes nos recuerdan que el verdadero poder reside en el control de nosotros mismos, en la capacidad de elegir nuestras respuestas y en la firmeza de nuestro compromiso con el bien.

En el sendero estoico, la persistencia y la determinación no son meras herramientas para alcanzar objetivos externos, sino expresiones de una vida vivida con intención y propósito. Son la manifestación de una voluntad que busca la excelencia en todos los aspectos de la vida, que se niega a ceder ante la mediocridad y que se eleva constantemente hacia las alturas de la sabiduría y la virtud.

# Paciencia como virtud

La paciencia es una joya en la corona de las virtudes estoicas, una cualidad que brilla con la luz de la sabiduría y la serenidad. En su esencia, la paciencia es la capacidad de aceptar el tiempo como un aliado, no como un enemigo; es el arte de esperar sin ansiedad, de actuar con calma y de perseverar sin desesperar.

En el corazón del estoico, la paciencia es una expresión de comprensión profunda de la naturaleza del mundo y de la vida. Entiende que muchas cosas están más allá de su control, y que la impaciencia es una forma de resistencia inútil contra el flujo natural de los eventos. La paciencia le permite al estoico enfrentar los desafíos y las demoras con una mente tranquila, sin ser arrastrado por la marea de las emociones descontroladas.

La paciencia también es un reflejo de la humildad. Es el reconocimiento de que no todo ocurre en el tiempo o en la forma que uno desea, y que la vida tiene su propio ritmo y orden. Con esta virtud, el estoico aprende a aceptar los retrasos y las dificultades como oportunidades para el crecimiento interior, para fortalecer su carácter y para profundizar en su comprensión del mundo.

La paciencia es una herramienta poderosa en las relaciones humanas. En la interacción con los demás, la paciencia permite al estoico escuchar con atención, comprender con empatía y responder con sabiduría. Es la base sobre la cual se construyen la tolerancia y la compasión, al permitirnos ver más allá de nuestras propias perspectivas y considerar las necesidades y experiencias de los demás.

La paciencia es una virtud que nos guía hacia una vida más equilibrada y armoniosa. Es una invitación a vivir en el presente, a aceptar cada momento tal como es, y a confiar en el proceso de la vida. Con paciencia, el estoico camina por el mundo con una paz interior inalterable, sabiendo que todo tiene su tiempo y que la verdadera fortaleza se encuentra en la espera tranquila y en la acción serena.

# Aprendizaje continuo

El aprendizaje continuo es un pilar esencial en la filosofía estoica, un compromiso constante con la expansión del conocimiento y la profundización de la sabiduría. Para el estoico, la vida es un viaje interminable de descubrimiento, donde cada experiencia, cada encuentro y cada desafío ofrece una lección valiosa.

En el corazón del aprendizaje continuo yace la humildad, la conciencia de que siempre hay algo nuevo por aprender, que la sabiduría es un horizonte que se aleja a medida que avanzamos hacia él. El estoico entiende que la ignorancia es una condición natural del ser humano, y por ello se esfuerza por superarla con la luz del conocimiento y la reflexión. No teme admitir sus errores ni reconocer sus limitaciones, pues ve en cada error una oportunidad para crecer y en cada limitación un campo abierto para la mejora.

El aprendizaje continuo es también una expresión de curiosidad y amor por la verdad. El estoico se pregunta y explora, buscando entender no solo el mundo exterior, sino también su propia naturaleza. Esta búsqueda lo lleva a estudiar las enseñanzas de los sabios del pasado, a observar la naturaleza con atención, y a reflexionar profundamente sobre sus propias experiencias. En este proceso, se forja una mente abierta y un espíritu adaptable, capaz de enfrentar los cambios y las incertidumbres con confianza y claridad.

El aprendizaje continuo fomenta la resiliencia. Al nutrirse de nuevos conocimientos y perspectivas, el estoico fortalece su capacidad para adaptarse a las circunstancias cambiantes y enfrentar los desafíos con creatividad e ingenio. Sabe que la preparación mental es una forma de preparación para la vida, y que estar siempre dispuesto a aprender es la mejor manera de estar listo para lo inesperado.

El aprendizaje continuo en el estoicismo es un acto de reverencia hacia la vida misma, una celebración de la infinita riqueza de la experiencia humana. Es un camino de automejora que no tiene fin, una escalera que nos eleva constantemente hacia la comprensión más profunda, la virtud más sólida y la paz más duradera. Con esta actitud, el estoico abraza cada día como una nueva oportunidad para aprender, crecer y florecer en la búsqueda de la sabiduría y la excelencia moral.

# Afrontar la adversidad con calma

Afrontar la adversidad con calma es una manifestación de la serenidad interior y la fortaleza del espíritu, cualidades centrales en la filosofía estoica. En el rostro de la tormenta, el estoico mantiene una mente tranquila, un corazón firme y una visión clara, pues comprende que el verdadero desafío no reside en los eventos externos, sino en la respuesta que elegimos darles.

La calma ante la adversidad nace del reconocimiento de que muchas cosas están fuera de nuestro control. El estoico se enfoca en lo que puede controlar: sus pensamientos, emociones y acciones. Al aceptar con ecuanimidad lo inevitable, libera su mente del estrés y la ansiedad que surgen al resistir la realidad. Esta aceptación no es pasividad, sino un acto de profunda sabiduría que le permite dirigir su energía hacia soluciones constructivas.

En la adversidad, el estoico ve una oportunidad para practicar la virtud, para demostrar coraje, paciencia y resiliencia. Sabe que cada prueba es una forja que templa su carácter y refina su espíritu. Con esta perspectiva, la adversidad se convierte en un maestro, una experiencia que enriquece su vida y fortalece su capacidad para enfrentar futuros desafíos con mayor sabiduría y compostura.

La calma ante la adversidad es un acto de compasión hacia uno mismo y hacia los demás. Al no dejarse arrastrar por el pánico o la desesperación, el estoico es capaz de mantener la claridad de juicio necesaria para tomar decisiones sabias y justas. Esta serenidad también le permite ser un apoyo para quienes le rodean, actuando como un faro de estabilidad y esperanza en tiempos turbulentos.

Afrontar la adversidad con calma es una expresión de confianza en la vida y en la capacidad del ser humano para adaptarse y crecer. Es un recordatorio de que, aunque no siempre podemos controlar lo que nos sucede, siempre podemos elegir cómo responder. Con esta elección, el estoico camina por la vida con una paz interior inquebrantable, sabiendo que la calma es el verdadero poder en un mundo de constantes cambios e incertidumbres.

# Serenidad en momentos difíciles

La serenidad en momentos difíciles es una joya rara y preciosa, un reflejo de la profundidad y el equilibrio interior que la filosofía estoica busca cultivar. En tiempos de prueba y tribulación, la serenidad actúa como un ancla, manteniendo al espíritu firme y en paz, incluso cuando las olas de la adversidad golpean con fuerza.

Para el estoico, la serenidad no es simplemente la ausencia de perturbación, sino una presencia activa de calma y claridad. Esta serenidad se nutre de la comprensión de que las dificultades son parte inevitable de la existencia humana, y que resistirse a ellas solo añade sufrimiento innecesario. Al aceptar esta realidad, el estoico se libera del afán de controlar lo incontrolable y se enfoca en aquello que verdaderamente puede manejar: su actitud y sus acciones.

En los momentos difíciles, la serenidad es la capacidad de observar sin reaccionar impulsivamente, de mantener la mente clara y el corazón tranquilo. Es una práctica de autoobservación constante, donde uno se da cuenta de sus emociones y pensamientos sin dejarse arrastrar por ellos. Este estado de conciencia permite al estoico responder a las situaciones con sabiduría y compasión, en lugar de reaccionar con miedo o ira.

La serenidad también se relaciona estrechamente con la fe en la capacidad humana para superar y adaptarse. Es una expresión de confianza en la resiliencia del espíritu humano, en la capacidad de encontrar luz incluso en los momentos más oscuros. Esta confianza no es ciega, sino basada en la experiencia y la reflexión, en el conocimiento de que cada desafío enfrentado con serenidad fortalece el carácter y enriquece la vida.

La serenidad en momentos difíciles es un regalo no solo para uno mismo, sino también para los demás. Un espíritu sereno irradia paz y seguridad, convirtiéndose en un refugio para quienes están atrapados en la tormenta de la incertidumbre. Al mantener la calma, el estoico no solo protege su propia paz interior, sino que también contribuye a crear un ambiente de armonía y comprensión a su alrededor.

En esencia, la serenidad es un faro en la oscuridad, una fuente de fortaleza y luz que nos guía a través de los desafíos de la vida con dignidad y gracia. Es un recordatorio constante de que, aunque no siempre podemos elegir las circunstancias que enfrentamos, siempre podemos elegir mantener la paz en nuestro corazón y la claridad en nuestra mente.

# La búsqueda de la virtud

La búsqueda de la virtud es el corazón palpitante de la filosofía estoica, un viaje continuo hacia la excelencia moral y el perfeccionamiento del carácter. Es un camino que no tiene fin, un compromiso diario con el crecimiento personal y la alineación con los más altos principios éticos. Para el estoico, la virtud no es un estado alcanzado, sino una aspiración constante, un ideal que ilumina cada pensamiento, palabra y acción.

En este viaje, la virtud es entendida como la realización plena del potencial humano, la armonía entre la razón y la acción. Es vivir de acuerdo con la naturaleza, no en el sentido biológico, sino en el sentido de nuestra naturaleza racional y social. Esto implica actuar con justicia, sabiduría, coraje y moderación, las cuatro virtudes cardinales que guían al estoico en su búsqueda de una vida buena.

La búsqueda de la virtud es un proceso de autoconocimiento y autoexamen constante. El estoico se dedica a entender sus propias motivaciones, emociones y patrones de pensamiento, buscando siempre alinear su vida con los principios de la razón y la virtud. Esto requiere una honestidad radical consigo mismo, una disposición a reconocer las propias fallas y a trabajar incansablemente para corregirlas.

Este camino también implica una práctica diaria de las virtudes en todas las áreas de la vida. No se trata solo de grandes gestos o decisiones, sino de la elección consciente de actuar virtuosamente en cada interacción, en cada momento. El estoico encuentra en cada día una oportunidad para practicar la bondad, la justicia, la templanza y el coraje, y así acercarse cada vez más al ideal de la virtud.

La búsqueda de la virtud es inseparable de una vida dedicada al bien común. El estoico entiende que la verdadera virtud no es solo un logro personal, sino una contribución al bienestar de la sociedad. Por eso, se esfuerza por ser un ciudadano ejemplar, actuando con integridad y dedicando sus talentos y recursos al servicio de los demás.

La búsqueda de la virtud es una fuente profunda de significado y satisfacción. Es una guía segura en un mundo lleno de incertidumbres, una brújula que orienta al estoico hacia una vida de paz interior y armonía con los demás. Aunque el camino puede ser arduo y lleno de desafíos, el estoico sabe que cada paso hacia la virtud es un paso hacia la verdadera libertad y la realización personal.

# Autocontrol y equilibrio

El autocontrol y el equilibrio son los cimientos sobre los que se erige la filosofía estoica, cualidades esenciales para vivir una vida virtuosa y en armonía. Estas virtudes permiten al estoico navegar las complejidades de la existencia con una mente clara y un corazón sereno, manteniendo la paz interior frente a las fluctuaciones del mundo exterior.

El autocontrol es la capacidad de gobernar las propias emociones, deseos y acciones. Es un arte que requiere una constante vigilancia sobre la mente y el cuerpo, una práctica diaria de moderación y disciplina. Para el estoico, el autocontrol no es una supresión de las emociones, sino una regulación sabia de ellas. Significa reconocer y entender nuestras emociones sin dejarnos dominar por ellas, actuando siempre de acuerdo con la razón y los principios éticos.

El equilibrio, por su parte, es la habilidad de mantener la armonía entre las diversas áreas de la vida, sin caer en excesos ni deficiencias. Es vivir con moderación, evitando los extremos que pueden llevar al sufrimiento y la desarmonía. En el pensamiento estoico, el equilibrio es un reflejo de la naturaleza misma, que se sostiene en una delicada danza de fuerzas opuestas y complementarias. El estoico busca emular esta armonía natural en su propia vida, equilibrando trabajo y descanso, reflexión y acción, gozo y responsabilidad.

Juntos, el autocontrol y el equilibrio permiten al estoico enfrentar las adversidades con resiliencia y las alegrías con gratitud, sin apegarse excesivamente a los placeres ni temer los dolores. Estas cualidades son la base de una vida buena, en la que el individuo puede actuar con plena conciencia y libertad, sin ser esclavo de sus impulsos ni de las circunstancias.

El desarrollo del autocontrol y el equilibrio no es un objetivo que se alcanza de una vez, sino un proceso continuo de aprendizaje y crecimiento. El estoico se dedica a cultivar estas virtudes a lo largo de su vida, comprendiendo que cada día ofrece nuevas oportunidades para mejorar y fortalecerse. A través de la práctica constante, el estoico se convierte en un modelo de serenidad y sensatez, una fuente de inspiración para aquellos que buscan vivir con integridad y sabiduría.

El autocontrol y el equilibrio son los guardianes de la libertad interior. Al dominar nuestros deseos y temores, al encontrar el justo medio en todas las cosas, descubrimos una profunda paz y una alegría duradera. Esta es la promesa del estoicismo: que, en la práctica del autocontrol y el equilibrio, hallamos la llave para vivir una vida plena y virtuosa, en sintonía con nosotros mismos y con el mundo que nos rodea.

# Tranquilidad interior

La tranquilidad interior es el refugio sereno en el corazón del estoico, un estado de paz y ecuanimidad que se cultiva a través de la sabiduría y la práctica constante. Es un remanso de calma que no depende de las circunstancias externas, sino de una comprensión profunda de la vida y del propio ser.

En el estoicismo, la tranquilidad interior se alcanza al distinguir entre lo que está bajo nuestro control y lo que no lo está. Esta distinción es fundamental para liberarnos de la angustia y el sufrimiento innecesarios. El estoico entiende que no puede controlar los eventos externos, las opiniones de los demás o el curso del destino, pero sí puede controlar su respuesta a estos. Al enfocar su energía en lo que puede manejar —sus pensamientos, emociones y acciones—, el estoico encuentra una paz inalterable, una estabilidad que no se ve afectada por las tormentas del exterior.

Esta tranquilidad no es un estado de apatía o indiferencia, sino una activa aceptación del presente. Es la capacidad de vivir en el momento, de estar plenamente consciente y comprometido con lo que sucede aquí y ahora, sin ser arrastrado por preocupaciones pasadas o ansiedades futuras. Esta presencia consciente permite al estoico disfrutar de los pequeños placeres de la vida y enfrentar las dificultades con una mente serena y un corazón firme.

La tranquilidad interior también se nutre de la práctica de la gratitud y la perspectiva. El estoico cultiva una actitud de agradecimiento por lo que tiene, reconociendo la impermanencia de todas las cosas. Al valorar lo que es esencial y desapegarse de lo superficial, encuentra una fuente constante de paz y satisfacción. Al mantener una perspectiva amplia sobre la vida, el estoico puede ver los problemas en su verdadera dimensión, evitando exagerar su importancia o dejarse abrumar por ellos.

La tranquilidad interior es el fruto de un compromiso continuo con la virtud y el autoconocimiento. Al vivir de acuerdo con sus valores y principios, el estoico experimenta una coherencia interna que refuerza su serenidad. Esta alineación entre pensamiento y acción, entre valores y comportamiento, crea una armonía interna que es la base de una paz duradera.

La tranquilidad interior es un tesoro que se encuentra en el corazón del estoicismo, un estado de serenidad que nos capacita para vivir con libertad, compasión y sabiduría. Es una invitación a mirar hacia adentro, a encontrar en nuestra propia esencia la calma y la claridad necesarias para navegar por la vida con gracia y dignidad.

# Reflexión diaria

La reflexión diaria es una práctica central en la vida del estoico, una disciplina que nutre la mente y el espíritu, proporcionando claridad y dirección. Es un momento de introspección y autoevaluación, un espacio para revisar los pensamientos, palabras y acciones del día, y para alinear nuestra vida con los principios de la virtud y la sabiduría.

En la tranquilidad de la reflexión diaria, el estoico se detiene a considerar cómo ha vivido el día que termina. Evalúa sus reacciones, sus decisiones y sus interacciones con los demás, preguntándose si ha actuado con justicia, moderación, coraje y sabiduría. Esta práctica no es un ejercicio de juicio severo, sino una oportunidad para el autoconocimiento y el crecimiento. Al reconocer sus errores sin autoengaño y sin excusas, el estoico aprende de ellos, encontrando formas de mejorar y de fortalecer su carácter.

La reflexión diaria también es un momento para reafirmar el propósito y la dirección de la vida. El estoico se recuerda a sí mismo sus objetivos y valores más profundos, asegurándose de que sus acciones estén en consonancia con ellos. Esta práctica ayuda a mantener el enfoque y la claridad, evitando que la vida se vea arrastrada por las distracciones y las trivialidades. Es un tiempo para renovar el compromiso con el camino de la virtud, para recordar que cada día es una nueva oportunidad para vivir de acuerdo con los ideales más elevados.

La reflexión diaria es un espacio para cultivar la gratitud y la humildad. Al revisar el día, el estoico toma nota de las bendiciones y los logros, grandes o pequeños, y expresa agradecimiento por ellos. Esta práctica fomenta una actitud de aprecio por la vida y sus oportunidades, y ayuda a desarrollar una perspectiva equilibrada sobre los desafíos y las dificultades. Al mismo tiempo, la reflexión diaria mantiene viva la conciencia de la propia falibilidad y de la necesidad constante de aprendizaje y desarrollo personal.

La reflexión diaria es una herramienta poderosa para la transformación personal. Es una manera de integrar la sabiduría en la vida cotidiana, de convertir los ideales abstractos en realidades vividas. A través de esta práctica constante, el estoico se mantiene en un camino de automejora continua, cultivando una vida de paz, propósito y virtud. Es un recordatorio diario de que la verdadera grandeza no se encuentra en lo que uno posee o logra, sino en cómo vive y en quién se convierte.

# La importancia del carácter

El carácter es el núcleo del ser en la filosofía estoica, el fundamento sobre el cual se construye una vida virtuosa y significativa. Es la suma de nuestras virtudes, hábitos y decisiones, el reflejo de nuestra esencia más auténtica. Para el estoico, el carácter es de una importancia primordial porque es la única verdadera posesión que tenemos, la única cosa que podemos controlar plenamente en un mundo lleno de incertidumbres.

En la visión estoica, el carácter define cómo respondemos a las circunstancias de la vida. No es lo que nos sucede lo que determina nuestro destino, sino cómo elegimos reaccionar ante ello. El carácter fuerte y virtuoso permite al individuo enfrentar las adversidades con serenidad, actuar con justicia, mantener la integridad bajo presión y buscar la sabiduría en todas las situaciones. Es, en esencia, el guardián de nuestra paz interior y nuestra brújula moral.

El desarrollo del carácter es una tarea diaria y deliberada. No se forja en un solo acto heroico, sino en las pequeñas decisiones cotidianas, en la elección constante de la virtud sobre el vicio, de la sabiduría sobre la ignorancia. El estoico se dedica a cultivar su carácter a través de la práctica de las virtudes cardinales: la sabiduría, la justicia, el coraje y la templanza. Cada una de estas virtudes contribuye a la formación de un carácter equilibrado y resiliente, capaz de soportar las pruebas del tiempo y las circunstancias.

El carácter es también el fundamento de la confianza

y el respeto en las relaciones humanas. Un carácter íntegro y coherente inspira confianza en los demás, crea lazos de confianza y respeto mutuo. La coherencia entre palabras y acciones, entre valores y comportamiento, es esencial para construir relaciones auténticas y duraderas. El estoico, consciente de esto, se esfuerza por ser un modelo de rectitud y confiabilidad, sabiendo que su carácter es su legado más duradero.

El carácter es un reflejo de nuestro verdadero valor. En un mundo donde el éxito a menudo se mide por la riqueza, el poder o el reconocimiento, el estoico recuerda que el verdadero valor reside en la calidad del carácter. La riqueza puede perderse, el poder puede desvanecerse, y el reconocimiento es efímero, pero un buen carácter es una posesión duradera que enriquece nuestra vida y la de aquellos con quienes interactuamos.

La importancia del carácter radica en su poder para guiar nuestras vidas hacia la excelencia y el bienestar. Es el fundamento de una vida plena y virtuosa, la clave para enfrentar el mundo con coraje y serenidad, y el legado más precioso que podemos dejar a los demás. Al cultivar un carácter sólido y virtuoso, nos acercamos a nuestra mejor versión y contribuimos a la creación de un mundo más justo y compasivo.

# Aceptación del destino

La aceptación del destino es un principio fundamental en la filosofía estoica, una actitud que refleja una profunda comprensión de la naturaleza del universo y del lugar del ser humano en él. Para el estoico, aceptar el destino no es resignarse pasivamente a los eventos de la vida, sino reconocer la naturaleza inmutable de ciertos aspectos de la existencia y encontrar paz y propósito en ese reconocimiento.

Este principio se basa en la distinción clara entre lo que podemos controlar y lo que no. El estoico entiende que muchos aspectos de la vida, como el nacimiento, la muerte, los desastres naturales y las acciones de los demás, están fuera de nuestro control. Intentar resistir o cambiar estos aspectos es tan infructuoso como luchar contra las olas del mar. En cambio, el estoico se enfoca en lo que sí puede controlar: sus pensamientos, emociones y acciones.

La aceptación del destino implica una entrega serena a la realidad, una disposición a vivir en armonía con la naturaleza y sus leyes. Esta actitud no es de desesperanza, sino de liberación. Al aceptar lo que no puede cambiar, el estoico se libera del sufrimiento que proviene de la resistencia y el deseo de que las cosas sean diferentes de lo que son. Esta aceptación permite al individuo vivir con ecuanimidad, sin ser sacudido por las vicisitudes del destino.

Aceptar el destino no significa abandonar la acción o el esfuerzo. El estoico sigue comprometido con vivir de acuerdo con la virtud, actuando con justicia, sabiduría y coraje en todas las circunstancias. La aceptación del destino es una aceptación de las circunstancias, no una renuncia a la agencia. Es la base sobre la cual el estoico construye una vida de propósito y significado, tomando decisiones basadas en sus valores y principios, sin quedar atrapado en el resultado.

La aceptación del destino también está profundamente relacionada con la idea de "amor fati" o amor al destino. Este concepto implica no solo aceptar, sino amar lo que la vida trae, viéndolo como parte de un todo mayor y significativo. Para el estoico, cada evento, bueno o malo, es una oportunidad para aprender, crecer y practicar la virtud. Este amor al destino transforma la experiencia humana, llenando de gratitud y reverencia incluso los momentos más difíciles.

La aceptación del destino es una expresión de sabiduría y madurez. Es un reconocimiento de la impermanencia y la interconexión de todas las cosas, y un acto de profunda humildad. Al aceptar el destino, el estoico encuentra una libertad interior que no depende de las circunstancias externas, una paz que reside en la comprensión de que todo lo que sucede tiene un lugar en el orden natural de las cosas.

# Fortaleza en la adversidad

La fortaleza en la adversidad es una de las virtudes más admirables y esenciales en la filosofía estoica. Representa la capacidad de mantener la calma, la compostura y el coraje frente a las pruebas y tribulaciones de la vida. Para el estoico, la adversidad no es una amenaza que debe evitarse, sino una oportunidad para demostrar y fortalecer el carácter.

La fortaleza estoica se fundamenta en la comprensión de que las dificultades son una parte inevitable de la existencia humana. El estoico no busca una vida sin problemas, sino la habilidad de enfrentarlos con dignidad y sabiduría. Al ver la adversidad como una maestra, el estoico aprende a encontrar lecciones valiosas en cada desafío, utilizando cada experiencia para crecer en resiliencia y autoconocimiento.

Una de las claves de esta fortaleza es la mentalidad de aceptación y adaptación. El estoico entiende que no siempre puede controlar las circunstancias externas, pero siempre puede controlar su reacción ante ellas. Esta aceptación no es resignación pasiva, sino una actitud activa de enfrentarse a la realidad tal como es, sin dejarse abrumar por el miedo o el desánimo. Es la capacidad de ver las cosas como son, sin el filtro del deseo o la aversión, y de responder con serenidad y claridad de pensamiento.

La fortaleza en la adversidad también se alimenta de la práctica de la virtud. Para el estoico, vivir de acuerdo con los principios de la justicia, la sabiduría, la templanza y el coraje proporciona una base sólida desde la cual enfrentar cualquier desafío. Estos principios no solo guían las acciones, sino que también refuerzan la capacidad de mantenerse firme en tiempos difíciles, ofreciendo una brújula moral que orienta en medio de la incertidumbre.

La fortaleza estoica se manifiesta en la capacidad de mantener la esperanza y la perspectiva. El estoico sabe que la adversidad es temporal y que, al igual que las estaciones del año, las dificultades también pasarán. Esta perspectiva amplia permite al estoico no perder de vista el panorama general y mantener un espíritu positivo, incluso en los momentos más oscuros.

La fortaleza en la adversidad es una fuente de inspiración y apoyo para los demás. Al enfrentar los desafíos con calma y coraje, el estoico no solo se fortalece a sí mismo, sino que también ofrece un ejemplo de resiliencia a quienes le rodean. Esta fortaleza compartida crea una comunidad de apoyo y comprensión, donde el sufrimiento es mitigado por la solidaridad y la compasión.

La fortaleza en la adversidad es una manifestación del poder del espíritu humano. Es una afirmación de que, a pesar de las pruebas y tribulaciones de la vida, el individuo tiene la capacidad de resistir, adaptarse y crecer. Es un recordatorio de que la verdadera fortaleza no se mide por la ausencia de dificultades, sino por la capacidad de enfrentarlas con dignidad y sabiduría.

# La práctica de la moderación

La práctica de la moderación es una virtud central en la filosofía estoica, una guía esencial para vivir una vida equilibrada y en armonía con uno mismo y con el mundo. La moderación es el arte de encontrar el justo medio, de evitar los excesos y las deficiencias en nuestras acciones, emociones y deseos. Es una expresión de sabiduría y autodominio que nos permite disfrutar de los placeres de la vida sin ser dominados por ellos y enfrentar las dificultades sin caer en la desesperación.

En la vida cotidiana, la moderación se manifiesta en la capacidad de regular nuestros apetitos y deseos, manteniendo un equilibrio entre la indulgencia y la abstinencia. El estoico entiende que los placeres son naturales y pueden ser disfrutados, pero siempre con medida. La moderación en el comer, el beber, y otros placeres sensoriales nos ayuda a evitar la esclavitud de los deseos y a mantener una mente clara y un cuerpo saludable. Esta virtud nos enseña a ser conscientes de nuestras elecciones y a tomar decisiones que fomenten el bienestar a largo plazo en lugar de la gratificación instantánea.

La moderación también es crucial en la gestión de nuestras emociones. En lugar de ser arrastrado por la ira, el miedo, la tristeza o el entusiasmo desmedido, el estoico practica la moderación emocional, manteniendo un equilibrio que permite una respuesta más reflexiva y menos reactiva. Esta capacidad de moderar las emociones es fundamental para mantener la paz interior y la estabilidad emocional, especialmente en situaciones de estrés o conflicto.

En las relaciones con los demás, la moderación se expresa a través del respeto y la consideración. Evitar los extremos de la agresividad o la pasividad, de la indulgencia excesiva o la severidad, nos permite cultivar relaciones más saludables y equilibradas. La moderación nos ayuda a escuchar con empatía, a hablar con sinceridad, pero con tacto, y a actuar con justicia y compasión. Es una virtud que fomenta la armonía y la cooperación en nuestras interacciones sociales.

La práctica de la moderación es una manifestación de la libertad interior. Al no ser esclavos de nuestros deseos, impulsos o emociones, ganamos una mayor libertad para actuar de acuerdo con nuestros valores y principios. La moderación nos libera de las cadenas de los excesos y nos permite vivir con una mayor coherencia y autenticidad. Es una clave para una vida equilibrada y plena, donde el gozo y la paz interior no dependen de las circunstancias externas, sino de la sabiduría con la que vivimos.

Así, la moderación es una virtud que ilumina el camino hacia una vida de virtud y sabiduría. Es un recordatorio constante de que el verdadero bienestar se encuentra no en los extremos, sino en el equilibrio armonioso de nuestras capacidades y deseos. Al practicar la moderación, cultivamos una vida más plena, consciente y en sintonía con la naturaleza y con nosotros mismos.

# Sabiduría y discernimiento

La sabiduría y el discernimiento son dos virtudes fundamentales en la filosofía estoica, esenciales para vivir una vida en armonía con la naturaleza y con nuestros propios principios. Estas cualidades nos permiten navegar por las complejidades de la existencia con claridad y propósito, distinguiendo entre lo que es verdaderamente valioso y lo que es efímero o ilusorio.

La sabiduría, en su esencia, es la comprensión profunda de la vida y del mundo. No es simplemente un cúmulo de conocimientos, sino una visión integral que abarca la naturaleza de las cosas, las leyes que rigen el universo y el lugar del ser humano en él. Para el estoico, la sabiduría implica reconocer la interconexión de todas las cosas y entender que muchas de las fuentes de sufrimiento humano provienen de deseos y miedos infundados. A través de la sabiduría, aprendemos a aceptar la impermanencia de la vida, a valorar lo que es esencial y a vivir en sintonía con la razón y la virtud.

El discernimiento, por otro lado, es la capacidad de aplicar la sabiduría en la práctica cotidiana. Es el arte de tomar decisiones bien informadas, guiadas por la razón y los principios éticos. El discernimiento nos ayuda a identificar lo que está bajo nuestro control y lo que no lo está, y a enfocar nuestros esfuerzos en aquello que podemos influir. Nos permite diferenciar entre las verdaderas necesidades y los deseos superfluos, entre lo que es justo y lo que no lo es, y entre lo que nos conduce al crecimiento personal y lo que nos aleja de nuestro propósito.

Estas virtudes son particularmente valiosas en momentos de incertidumbre y desafío. La sabiduría y el discernimiento nos proporcionan una base sólida desde la cual podemos enfrentar las dificultades con serenidad y ecuanimidad. Nos enseñan a responder a las adversidades no con reacciones impulsivas, sino con reflexión y acción ponderada. En la toma de decisiones, el discernimiento nos guía hacia elecciones que están en consonancia con nuestros valores y que promueven nuestro bienestar a largo plazo y el de los demás.

La sabiduría y el discernimiento son clave para el desarrollo del carácter y la virtud. Nos permiten vivir de acuerdo con nuestras convicciones más profundas, manteniendo la integridad incluso en situaciones difíciles. A través de estas virtudes, cultivamos una vida de coherencia y autenticidad, donde nuestras acciones reflejan nuestros ideales y donde nuestras elecciones están alineadas con un propósito mayor.

La sabiduría y el discernimiento nos llevan a una vida de paz y plenitud. Nos ayudan a encontrar un equilibrio entre la acción y la contemplación, entre el compromiso con el mundo y la búsqueda de la tranquilidad interior. Son las estrellas que guían nuestro viaje, iluminando el camino hacia una vida buena y significativa, donde la verdadera felicidad se encuentra no en la búsqueda de placeres fugaces, sino en la realización de nuestro potencial humano más elevado.

# Enfrentar el miedo con valentía

Enfrentar el miedo con valentía es un acto esencial de coraje y sabiduría en la filosofía estoica, una expresión de la fortaleza del espíritu humano frente a las inevitables incertidumbres y desafíos de la vida. El miedo es una emoción natural, una respuesta instintiva a la percepción de peligro o amenaza. Sin embargo, para el estoico, el valor no reside en la ausencia de miedo, sino en la capacidad de enfrentarlo con determinación y claridad.

La valentía estoica se fundamenta en la comprensión de que el miedo a menudo surge de la anticipación de eventos futuros que no podemos controlar. Esta anticipación puede paralizarnos o desviarnos de nuestros principios y objetivos. El estoico, al reconocer la naturaleza inevitable del miedo, no busca eliminarlo, sino trascenderlo a través de la razón y el discernimiento. Al distinguir entre los miedos fundados y los infundados, y al confrontar los miedos que se basan en falsas percepciones o suposiciones, el estoico cultiva una mente libre y un corazón intrépido.

Enfrentar el miedo con valentía implica aceptar la posibilidad del fracaso, del dolor o de la pérdida, sin dejar que estas posibilidades dicten nuestras acciones. El estoico comprende que el verdadero peligro no radica en las circunstancias externas, sino en la rendición de la propia voluntad y la integridad ante el miedo. Así, la valentía no es temeridad, sino una disposición reflexiva para actuar conforme a los valores y principios, incluso cuando el camino es incierto o desafiante.

Esta valentía se nutre de una profunda confianza en la capacidad humana para adaptarse y superar las dificultades. Al cultivar una actitud de resiliencia, el estoico se prepara para enfrentar lo desconocido con una calma interior, consciente de que el crecimiento y el aprendizaje a menudo surgen de los momentos más difíciles. La valentía, entonces, no es sólo la capacidad de soportar el dolor o el riesgo, sino también de aprender de ellos y de emerger fortalecido.

La valentía estoica no es sólo un acto individual, sino también un acto de servicio a los demás. Al enfrentar el miedo con valentía, el estoico no sólo se fortalece a sí mismo, sino que también inspira y apoya a quienes lo rodean. Es un faro de esperanza y un modelo de comportamiento que demuestra que es posible vivir con integridad y coraje, incluso en medio de la adversidad.

Enfrentar el miedo con valentía es un acto de libertad. Es la elección de vivir plenamente, de comprometerse con el bien y la verdad, sin ser dominado por las sombras del miedo. Es un recordatorio de que la vida, en su esencia, es una serie de oportunidades para crecer, aprender y amar, y que cada acto de valentía nos acerca más a nuestra mejor versión y a una vida de plenitud y significado.

# La constancia en el esfuerzo

La constancia en el esfuerzo es una virtud fundamental en la filosofía estoica, una expresión del compromiso inquebrantable con el crecimiento personal y la búsqueda de la excelencia. Esta constancia no es simplemente perseverancia, sino una dedicación continua y deliberada a vivir de acuerdo con los principios de la razón y la virtud, sin importar los obstáculos o las dificultades que se presenten en el camino.

En la práctica estoica, la constancia se manifiesta en la disciplina diaria, en el esfuerzo constante por mejorar y en la firmeza para mantener la integridad en todas las circunstancias. El estoico comprende que el progreso personal y moral no es un objetivo que se alcanza de una vez, sino un proceso continuo de refinamiento y desarrollo. Esta perspectiva fomenta una actitud de paciencia y determinación, sabiendo que cada pequeño paso, cada esfuerzo sostenido, contribuye a la construcción de un carácter fuerte y una vida virtuosa.

La constancia en el esfuerzo es también una respuesta a la impermanencia y la incertidumbre de la vida. El estoico acepta que no puede controlar todas las circunstancias externas, pero sabe que puede controlar su actitud y su dedicación a sus principios. Esta constancia proporciona una sensación de estabilidad y propósito, incluso en tiempos de cambio o adversidad. Al mantener el enfoque en lo que se puede controlar y en la calidad de sus acciones, el estoico encuentra paz interior y resiliencia frente a los desafíos.

La constancia es crucial en el cultivo de las virtudes. La sabiduría, la justicia, la templanza y el coraje no son atributos que se desarrollen de la noche a la mañana, sino que requieren una práctica constante y consciente. A través de la repetición y la reflexión, el estoico refuerza estos valores en su vida diaria, asegurando que sus acciones sean consistentes con sus creencias y aspiraciones más profundas.

La constancia en el esfuerzo también tiene un impacto positivo en la comunidad y en las relaciones interpersonales. Al ser un modelo de dedicación y compromiso, el estoico inspira a los demás a seguir un camino similar de automejora y virtud. Esta influencia positiva se extiende a todas las áreas de la vida, creando un entorno de apoyo y motivación mutua.

La constancia en el esfuerzo es una manifestación de amor por la verdad y la belleza de la vida bien vivida. Es la comprensión de que la verdadera realización no se encuentra en los logros externos, sino en la continua dedicación a ser la mejor versión de uno mismo. Con esta constancia, el estoico abraza cada día como una oportunidad para crecer, aprender y contribuir al bien común, sabiendo que la suma de todos estos esfuerzos es una vida rica en significado y propósito.

# La humildad del estoico

La humildad es una virtud esencial en la filosofía estoica, una cualidad que refleja una comprensión profunda de la naturaleza humana y de nuestro lugar en el cosmos. Para el estoico, la humildad no es una simple modestia superficial, sino una actitud de apertura, reconocimiento de nuestras limitaciones y una disposición a aprender y crecer constantemente.

La humildad estoica se basa en el conocimiento de que la sabiduría y la virtud son objetivos elevados que siempre están más allá de nuestro alcance completo. El estoico sabe que, a pesar de sus mejores esfuerzos, siempre habrá más que aprender y comprender, y que el proceso de automejora es interminable. Esta actitud fomenta una mente abierta, libre de arrogancia, y una disposición a aceptar críticas constructivas y a escuchar diferentes perspectivas.

La humildad implica una aceptación serena de nuestras imperfecciones y errores. En lugar de negar o justificar nuestras fallas, el estoico las enfrenta con honestidad y responsabilidad, utilizando cada error como una oportunidad para aprender y mejorar. Esta honestidad consigo mismo es un acto de coraje, que permite al estoico ver con claridad tanto sus fortalezas como sus debilidades, y trabajar continuamente para superarlas.

La humildad también es una expresión de empatía y respeto hacia los demás. El estoico reconoce que cada persona tiene su propia lucha y que todos estamos en un camino de aprendizaje y crecimiento. Esta comprensión fomenta la compasión y el apoyo mutuo, evitando el juicio y la condescendencia. En sus relaciones, el estoico practica la humildad al valorar las contribuciones de los demás y al estar dispuesto a aprender de todas las personas, independientemente de su posición o conocimientos.

En la vida cotidiana, la humildad nos protege de los peligros del ego y del orgullo excesivo. Nos recuerda que no somos el centro del universo y que nuestras acciones tienen un impacto en el bienestar de los demás. Esta perspectiva nos ayuda a mantenernos centrados y a actuar con integridad, guiados por el deseo de contribuir positivamente al mundo en lugar de buscar reconocimiento o poder.

La humildad es la base de una vida de verdadera sabiduría y libertad interior. Al liberarnos del deseo de ser vistos como infalibles o superiores, podemos vivir de manera más auténtica y en sintonía con nuestros valores. La humildad nos permite aceptar el cambio y la incertidumbre con gracia, y nos prepara para enfrentar la vida con una mente clara y un corazón abierto.

En esencia, la humildad del estoico es una virtud que nos conecta con nuestra humanidad común y nos guía hacia una vida de aprendizaje, servicio y automejora continua. Es un recordatorio constante de que el verdadero poder no reside en el control externo, sino en la capacidad de vivir con autenticidad y en armonía con la verdad y la virtud.

# La alegría en la simplicidad

La alegría en la simplicidad es un principio profundo y liberador en la filosofía estoica, que enseña a encontrar satisfacción y felicidad en las cosas esenciales y en una vida despojada de excesos. Esta visión nos invita a redescubrir el valor de lo simple, a celebrar la belleza de la vida cotidiana y a valorar las pequeñas alegrías que a menudo pasan desapercibidas en la búsqueda de logros materiales o placeres efímeros.

Para el estoico, la simplicidad no es una privación, sino una elección consciente de enfocar la vida en lo que realmente importa. Es un regreso a lo básico, a lo esencial, donde se reconoce que la verdadera riqueza no reside en la acumulación de posesiones, sino en la calidad de nuestras experiencias y relaciones. Esta perspectiva nos libera de la insatisfacción perpetua que a menudo acompaña el deseo constante de más, enseñándonos que menos, es más, y que en la simplicidad podemos encontrar una paz y una alegría duraderas.

La alegría en la simplicidad también se manifiesta en el aprecio por el momento presente. Al despojarnos de las distracciones y preocupaciones innecesarias, podemos conectar más profundamente con el aquí y ahora, disfrutando plenamente de los placeres simples que la vida ofrece: una conversación sincera, una caminata en la naturaleza, el sabor de una comida sencilla, el calor del sol en la piel. Estas experiencias, aunque modestas, pueden llenar el alma de una felicidad genuina y serena.

La simplicidad fomenta una vida de moderación y equilibrio. Al simplificar nuestros deseos y necesidades, aprendemos a vivir dentro de nuestras posibilidades, evitando el estrés y la ansiedad que a menudo acompañan la búsqueda de lo superfluo. Esta actitud nos permite ser más generosos y conscientes del impacto de nuestras elecciones en el mundo y en los demás, cultivando una vida de sostenibilidad y responsabilidad.

La alegría en la simplicidad también se refleja en la capacidad de encontrar contento en uno mismo, sin depender de las circunstancias externas. Al valorar la simplicidad, el estoico desarrolla una resiliencia emocional que le permite mantener la paz interior, incluso cuando enfrenta adversidades. Esta autosuficiencia emocional es una fuente de fuerza y libertad, permitiéndonos vivir con mayor autenticidad y fidelidad a nuestros valores.

La alegría en la simplicidad es un recordatorio de que la verdadera felicidad se encuentra en la calidad de nuestra vida interior y en la riqueza de nuestras relaciones humanas. Es una invitación a vivir de manera más consciente y deliberada, a centrarnos en lo que realmente importa, y a encontrar en la sencillez la clave para una vida plena y significativa.

# Equilibrio emocional

El equilibrio emocional es un pilar fundamental en la filosofía estoica, una virtud que nos permite navegar las mareas cambiantes de la vida con serenidad y claridad. Este equilibrio no se trata de suprimir las emociones, sino de gestionarlas con sabiduría, manteniendo una armonía interna que refleja una comprensión profunda de uno mismo y del mundo.

Para el estoico, el equilibrio emocional se logra a través de la práctica de la autoobservación y la reflexión. Al desarrollar una conciencia plena de nuestras emociones y de los pensamientos que las generan, aprendemos a no reaccionar impulsivamente, sino a responder de manera consciente y deliberada. Esta capacidad de introspección nos permite identificar y cuestionar las creencias subyacentes que pueden alimentar emociones destructivas como la ira, el miedo o la tristeza.

El estoico busca entender la naturaleza de sus emociones, reconociendo que muchas de ellas surgen de expectativas no realistas o de un deseo de controlar lo incontrolable. Al aceptar que no todo está bajo nuestro control, y que las personas y eventos pueden actuar de maneras impredecibles, el estoico aprende a liberar el apego y a cultivar una actitud de aceptación serena. Esta aceptación no es pasividad, sino una forma activa de elegir la paz interior sobre la agitación emocional.

El equilibrio emocional también se apoya en la práctica de la moderación. Al no permitir que ninguna emoción nos domine, ya sea el entusiasmo excesivo o el desánimo profundo, mantenemos una estabilidad que nos ayuda a ver las cosas con mayor claridad y a tomar decisiones más sabias. La moderación nos permite disfrutar de los placeres de la vida sin caer en la indulgencia, y enfrentar las dificultades sin desesperar.

El equilibrio emocional implica una relación sana con uno mismo y con los demás. Al desarrollar la compasión y la empatía, el estoico puede comprender y gestionar mejor sus propias emociones y las de los demás, creando relaciones más auténticas y armoniosas. Este equilibrio nos permite ser más comprensivos y pacientes, tanto con nosotros mismos como con aquellos que nos rodean, fomentando un ambiente de respeto y apoyo mutuo.

El equilibrio emocional es una clave para la resiliencia. Nos permite enfrentar los desafíos de la vida con una mente clara y un corazón tranquilo, sin ser arrastrados por las olas de la adversidad. Al mantener este equilibrio, podemos adaptarnos a las circunstancias cambiantes y encontrar soluciones creativas a los problemas, siempre guiados por nuestros valores y principios.

En esencia, el equilibrio emocional es una expresión de la sabiduría y la fortaleza interior. Es un estado de paz y estabilidad que nos permite vivir de manera plena y significativa, en armonía con nosotros mismos y con el mundo. Es una práctica continua de autoconocimiento y autocuidado, que nos guía hacia una vida de libertad interior y bienestar duradero.

# Independencia del juicio externo

La independencia del juicio externo es una virtud esencial en la filosofía estoica, que enseña a valorar la propia percepción y juicio sobre uno mismo y a no depender del reconocimiento o la aprobación de los demás. Este principio nos guía hacia una vida de autenticidad y libertad, donde nuestras acciones están alineadas con nuestros valores y no condicionadas por la opinión pública o las expectativas ajenas.

En la práctica estoica, la independencia del juicio externo se fundamenta en el reconocimiento de que la verdadera medida de una persona reside en su carácter y sus virtudes, no en cómo es percibida por otros. El estoico entiende que no puede controlar las opiniones o reacciones de los demás, y que buscar constantemente la aprobación externa es un camino hacia la insatisfacción y la pérdida de integridad. Al centrar la atención en el propio juicio moral, el estoico se libera de la necesidad de conformidad y puede actuar con mayor autenticidad y coherencia.

Esta independencia no implica un rechazo total de las opiniones de los demás, sino una evaluación crítica de las mismas. El estoico escucha con respeto y consideración, pero siempre filtra estas opiniones a través de su propio criterio, basado en la razón y la virtud. Esto permite mantener una perspectiva equilibrada y evitar ser influenciado por juicios superficiales o malintencionados.

La independencia del juicio externo fomenta la autoconfianza y la resiliencia emocional. Al no depender del elogio o la crítica para evaluar su propio valor, el estoico desarrolla una autoestima sólida y un sentido de dignidad que no fluctúa con las circunstancias externas. Esta estabilidad emocional es crucial para enfrentar las adversidades con serenidad y para mantener el curso en la búsqueda de la excelencia moral, incluso cuando no se recibe reconocimiento o apoyo.

La independencia del juicio externo también tiene un impacto positivo en las relaciones interpersonales. Al no estar obsesionado con la imagen o la aprobación, el estoico puede relacionarse con los demás de manera más genuina y empática. Esto permite construir relaciones más auténticas y basadas en el respeto mutuo, en lugar de relaciones superficiales basadas en la apariencia o la necesidad de validación.

La independencia del juicio externo es una manifestación de la verdadera libertad interior. Es la capacidad de vivir de acuerdo con los propios principios y valores, sin ser esclavo de las expectativas o juicios ajenos. Esta libertad permite al estoico buscar la virtud por sí misma, como el bien supremo, y encontrar en esta búsqueda una fuente de paz y satisfacción duraderas. Es un recordatorio constante de que la vida más plena y significativa es aquella que se vive en consonancia con la verdad interior, no con los caprichos del mundo exterior.

# La vida como entrenamiento

Ver la vida como un entrenamiento es un enfoque central en la filosofía estoica, que nos invita a considerar cada experiencia, cada desafío y cada interacción como una oportunidad para desarrollar y fortalecer nuestro carácter. En esta perspectiva, la vida no es simplemente una serie de eventos que nos ocurren, sino un campo de práctica continua donde podemos aplicar los principios de la virtud y la sabiduría.

Este enfoque nos ayuda a adoptar una actitud proactiva y consciente hacia la vida. En lugar de ser pasivos ante las circunstancias, el estoico busca activamente oportunidades para crecer y aprender. Cada dificultad se ve como un "entrenamiento" para la paciencia, la fortaleza o la compasión. Cada éxito es una oportunidad para practicar la gratitud y la humildad. Al tratar la vida como un entrenamiento, nos volvemos más conscientes de nuestras reacciones y más intencionales en nuestras acciones.

La idea de la vida como entrenamiento también fomenta una mentalidad de mejora continua. El estoico sabe que la perfección no es alcanzable, pero que la excelencia es un objetivo digno. Al igual que un atleta se entrena todos los días para mejorar su rendimiento, el estoico practica las virtudes diariamente, sabiendo que cada día es una oportunidad para ser mejor que el día anterior. Esta mentalidad de crecimiento constante nos protege de la complacencia y nos motiva a esforzarnos siempre por ser la mejor versión de nosotros mismos.

Este enfoque promueve la resiliencia. Al ver las dificultades y los contratiempos como parte del entrenamiento, el estoico desarrolla una actitud de aceptación y adaptabilidad. En lugar de sentirse derrotado por los obstáculos, los ve como pruebas que pueden fortalecer su carácter. Esta actitud fortalece la capacidad de recuperación y permite enfrentar las adversidades con una mente clara y un corazón sereno.

La vida como entrenamiento también nos enseña a valorar el proceso tanto como los resultados. En lugar de centrar toda nuestra felicidad en la consecución de objetivos específicos, aprendemos a encontrar satisfacción en el esfuerzo y en el crecimiento que ocurre a lo largo del camino. Esta perspectiva nos libera de la presión de los resultados y nos permite disfrutar del viaje de la vida, con todas sus subidas y bajadas.

Ver la vida como un entrenamiento es una invitación a vivir de manera más plena y consciente. Es un recordatorio de que cada momento, ya sea placentero o doloroso, es una oportunidad para aprender y crecer. Esta perspectiva nos empodera para tomar control de nuestras vidas y para vivir con propósito y dirección, cultivando una existencia rica en significado y en virtud.

# Cultivar la mente y el espíritu

Cultivar la mente y el espíritu es un compromiso fundamental en la filosofía estoica, una dedicación a la automejora y al desarrollo de una vida plena y significativa. Este cultivo no es un fin en sí mismo, sino un medio para alcanzar la sabiduría, la virtud y la paz interior. Al igual que un jardinero cuida con esmero su jardín, el estoico se dedica a nutrir y fortalecer su mente y su espíritu, reconociendo que estos son los terrenos más valiosos que posee.

Cultivar la mente implica un esfuerzo continuo por expandir el conocimiento y la comprensión. Esto incluye no solo el aprendizaje intelectual, sino también el desarrollo de la capacidad de razonar, reflexionar y discernir. El estoico se esfuerza por adquirir un conocimiento profundo y práctico de la naturaleza, del ser humano y de los principios éticos que guían una vida buena. Este conocimiento le permite navegar la vida con claridad y sabiduría, tomando decisiones que están en armonía con la razón y la virtud.

El cultivo del espíritu, por otro lado, se centra en el desarrollo de la fortaleza interior y la capacidad de mantener la calma y el equilibrio en medio de las turbulencias de la vida. Esto implica la práctica de la autodisciplina, la moderación y el autocontrol, así como el fomento de virtudes como la compasión, la gratitud y la humildad. Al cultivar el espíritu, el estoico busca ser resiliente ante las adversidades, manteniendo una actitud de serenidad y aceptación frente a lo que no puede cambiar.

La meditación y la reflexión son herramientas clave en este proceso de cultivo. A través de la meditación, el estoico se conecta con su interior, explorando sus pensamientos, emociones y motivaciones. La reflexión diaria permite revisar las acciones y decisiones, aprender de las experiencias y ajustar el comportamiento en consonancia con los ideales más elevados. Este hábito de introspección fortalece la autoconciencia y facilita un crecimiento constante y deliberado.

Cultivar la mente y el espíritu es un acto de responsabilidad hacia uno mismo y hacia los demás. Al desarrollar nuestras capacidades y virtudes, no solo mejoramos nuestra propia vida, sino que también estamos en mejor posición para contribuir positivamente a la sociedad y a apoyar a quienes nos rodean. Un espíritu cultivado es capaz de ofrecer sabiduría, consuelo y guía, actuando como un faro de estabilidad y esperanza en un mundo a menudo incierto y caótico.

El cultivo de la mente y el espíritu es una práctica de por vida, una dedicación constante a la excelencia moral y al florecimiento humano. Es una invitación a vivir con propósito y conciencia, a buscar la verdad y la belleza en todas las cosas, y a construir una vida que refleje los valores más nobles del ser humano. En este camino, encontramos no solo la sabiduría y la paz interior, sino también una profunda conexión con la esencia misma de la existencia.

# El valor del silencio

El silencio tiene un valor profundo y multifacético en la filosofía estoica, ofreciendo un espacio para la reflexión, la introspección y la conexión con la propia esencia. En una era de constante ruido y distracción, el silencio es un refugio donde la mente puede calmarse y el espíritu puede encontrarse consigo mismo. Es en el silencio donde podemos escuchar con más claridad, no solo a los demás, sino también a nuestra propia voz interior.

Para el estoico, el silencio es una herramienta esencial para la autoobservación y el autoconocimiento. En el silencio, nos alejamos del flujo incesante de estímulos externos y nos permitimos observar nuestros pensamientos y emociones sin juicio ni distracción. Este acto de introspección nos ayuda a entender mejor nuestras motivaciones, miedos y deseos, y nos proporciona una visión más clara de quiénes somos y hacia dónde queremos dirigirnos.

El valor del silencio también radica en su capacidad para fomentar la sabiduría. En lugar de apresurarse a hablar o actuar, el estoico utiliza el silencio como un momento para considerar cuidadosamente sus palabras y acciones. Este espacio para la reflexión permite responder con más sabiduría y ponderación, evitando reacciones impulsivas que puedan causar daño o malentendidos. El silencio, por lo tanto, no es solo una ausencia de palabras, sino una presencia de mente y una disposición a escuchar profundamente.

El silencio es un medio para desarrollar la paciencia y la tolerancia. Al practicar el silencio, aprendemos a estar cómodos con la quietud y la falta de acción inmediata, cultivando una serenidad que nos permite enfrentar las situaciones con calma y ecuanimidad. Este estado de serenidad nos ayuda a mantener la paz interior, incluso en medio de la agitación externa, y a actuar con mayor claridad y compasión.

El silencio también tiene un valor social y ético. En nuestras interacciones con los demás, el silencio puede ser una expresión de respeto y empatía, permitiéndonos escuchar realmente lo que otros tienen que decir. Al no apresurarnos a llenar los vacíos con palabras, creamos un espacio donde la comunicación auténtica y el entendimiento mutuo pueden florecer. Este tipo de silencio es un acto de generosidad, que reconoce y valora la presencia y las palabras del otro.

El valor del silencio reside en su poder para conectar lo interno con lo externo, lo temporal con lo eterno. Es en el silencio donde encontramos una pausa en el tiempo, un momento de contemplación que nos permite tocar la profundidad de nuestra existencia. Este silencio, lejos de ser vacío, está lleno de potencial y significado, una invitación a explorar las dimensiones más profundas de la vida y a encontrar en la quietud una fuente de sabiduría y fortaleza.

El silencio es, pues, un camino hacia la paz interior y la claridad, un medio para vivir con mayor conciencia y autenticidad. En él, descubrimos que a veces las palabras más poderosas son las que no se dicen, y que en la quietud podemos encontrar las respuestas a las preguntas más importantes de la vida.

# La armonía con la naturaleza

La armonía con la naturaleza es un principio fundamental en la filosofía estoica, que promueve una vida en sintonía con el orden natural del universo y nuestra propia esencia humana. Este concepto no solo se refiere a la naturaleza externa, como el medio ambiente, sino también a nuestra naturaleza interna, entendiendo y aceptando nuestras propias limitaciones y potencialidades.

Para el estoico, vivir en armonía con la naturaleza significa reconocer y respetar las leyes que rigen el cosmos. Esto implica una aceptación de la impermanencia y la inevitabilidad del cambio, entendiendo que todo forma parte de un orden mayor, incluso si no siempre es comprensible para nosotros. Este reconocimiento nos ayuda a aceptar las circunstancias con serenidad y a actuar con sabiduría y virtud, adaptándonos a los cambios en lugar de resistirlos.

En términos de nuestra naturaleza interna, la armonía implica vivir de acuerdo con la razón y la virtud, que los estoicos consideran las características más elevadas de los seres humanos. Esto significa cultivar cualidades como la justicia, la templanza, el coraje y la sabiduría, y actuar de acuerdo con estos principios en todas las áreas de la vida. Al hacerlo, nos alineamos con nuestra verdadera naturaleza, lo que nos lleva a una vida de plenitud y satisfacción.

La armonía con la naturaleza también nos enseña a valorar y respetar el mundo natural. Reconocemos que somos parte de un ecosistema más grande y que nuestras acciones tienen un impacto en el equilibrio del planeta. Este entendimiento fomenta una actitud de cuidado y respeto hacia el medio ambiente, promoviendo una vida sostenible y en equilibrio con los recursos naturales.

Esta armonía nos invita a vivir con simplicidad y moderación. Al entender que el exceso y el desperdicio van en contra del orden natural, los estoicos abogan por una vida de moderación, donde se busca lo necesario y se evita lo superfluo. Esta actitud no solo contribuye a la preservación del medio ambiente, sino que también libera al individuo de la carga del deseo excesivo y la avaricia, promoviendo una vida más equilibrada y tranquila.

La armonía con la naturaleza nos conecta con un sentido de propósito y significado más profundo. Al vivir en consonancia con el universo y con nuestra propia naturaleza, encontramos un sentido de pertenencia y coherencia en la vida. Esta conexión nos proporciona una base sólida para enfrentar las adversidades y para encontrar paz y satisfacción en el presente, independientemente de las circunstancias externas.

La armonía con la naturaleza es un camino hacia una vida de sabiduría, virtud y paz interior. Es una invitación a vivir de manera consciente y respetuosa, tanto con nosotros mismos como con el mundo que nos rodea, reconociendo nuestra interdependencia con el cosmos y nuestro lugar dentro del gran orden de la existencia.

# Apreciar lo esencial

Apreciar lo esencial es una práctica central en la filosofía estoica, que nos invita a enfocar nuestra atención y energía en aquello que realmente importa en la vida. En un mundo a menudo dominado por lo superficial y lo efímero, este enfoque nos ayuda a discernir entre lo que es verdaderamente valioso y lo que es accesorio, cultivando una vida de simplicidad, claridad y propósito.

Para los estoicos, apreciar lo esencial significa reconocer que muchas de las cosas que buscamos o deseamos no son necesarias para la verdadera felicidad y bienestar. La riqueza material, el reconocimiento social y los placeres transitorios pueden ser agradables, pero no son esenciales para una vida plena. Lo esencial, según los estoicos, reside en la virtud y en la calidad de nuestras relaciones y experiencias. La virtud, entendida como el cultivo de la sabiduría, la justicia, la templanza y el coraje, es la base de una vida buena y significativa.

Apreciar lo esencial también implica una reflexión sobre nuestras necesidades y deseos. En lugar de dejarnos llevar por la corriente de consumismo y competencia, los estoicos nos animan a cuestionar qué es lo que realmente necesitamos para vivir bien. Este enfoque nos ayuda a simplificar nuestras vidas, eliminando lo superfluo y enfocándonos en lo que nutre nuestro espíritu y fortalece nuestro carácter.

Este aprecio por lo esencial fomenta una actitud de gratitud y aprecio por las cosas simples y cotidianas. Nos enseña a encontrar alegría en los pequeños placeres de la vida: una conversación sincera, un momento de tranquilidad, la belleza de la naturaleza. Estas experiencias, aunque sencillas, son a menudo las que más profundamente enriquecen nuestra existencia y nos conectan con un sentido de paz y plenitud.

Al apreciar lo esencial, cultivamos una mayor resiliencia frente a las adversidades. Al basar nuestra felicidad y satisfacción en lo que es fundamental y duradero, en lugar de en lo externo y cambiante, nos volvemos menos vulnerables a las pérdidas y decepciones. Este enfoque nos da una base sólida para enfrentar los desafíos de la vida con serenidad y equilibrio, sabiendo que lo que realmente importa está dentro de nosotros y no depende de las circunstancias externas.

Apreciar lo esencial nos invita a vivir de manera más consciente y presente. Al estar más atentos a lo que realmente importa, podemos tomar decisiones más alineadas con nuestros valores y principios, y vivir con mayor integridad y autenticidad. Este enfoque nos ayuda a construir una vida que no solo es buena para nosotros, sino también para quienes nos rodean y para el mundo en general.

En esencia, apreciar lo esencial es un acto de sabiduría y humildad, que nos guía hacia una vida de mayor significado y satisfacción. Es un recordatorio de que la verdadera riqueza no se encuentra en lo que acumulamos, sino en cómo vivimos y en la calidad de nuestras relaciones y acciones.

# El poder de la introspección

El poder de la introspección es un aspecto crucial de la filosofía estoica, que nos permite explorar y comprender nuestras propias mentes y corazones. Esta práctica de autoexamen nos ayuda a cultivar la autoconciencia, a reconocer nuestras fortalezas y debilidades, y a dirigir nuestro desarrollo personal hacia la virtud y la sabiduría.

La introspección es una herramienta poderosa para el crecimiento personal porque nos permite detenernos y reflexionar sobre nuestras acciones, pensamientos y emociones. En un mundo lleno de distracciones y ritmos acelerados, la introspección ofrece un espacio de calma y claridad. Al examinar nuestras reacciones y comportamientos, podemos identificar patrones que nos alejan de nuestros ideales y valores, y trabajar para corregirlos.

Los estoicos consideran la introspección como un medio para alcanzar el autoconocimiento, que es fundamental para vivir una vida auténtica y virtuosa. A través de la introspección, nos volvemos más conscientes de nuestras verdaderas motivaciones y deseos, distinguiendo entre lo que es realmente importante y lo que es superfluo. Este proceso nos ayuda a alinear nuestras acciones con nuestros valores, promoviendo una vida de coherencia y significado.

La introspección también nos capacita para enfrentar nuestras emociones de manera más efectiva. Al observar nuestras emociones sin juicio, podemos entender mejor su origen y naturaleza, y aprender a gestionarlas con mayor sabiduría. Esto nos permite responder a las situaciones de manera más equilibrada, en lugar de reaccionar impulsivamente. La introspección nos enseña a ver nuestras emociones como señales que nos ofrecen información valiosa sobre nosotros mismos y nuestras circunstancias.

La introspección fomenta una actitud de humildad y apertura. Reconociendo nuestras imperfecciones y limitaciones, nos volvemos más receptivos al aprendizaje y al cambio. Esta humildad nos ayuda a aceptar las críticas constructivas y a buscar activamente la mejora continua, tanto en nuestra vida personal como en nuestras interacciones con los demás.

La práctica regular de la introspección también fortalece nuestra capacidad para tomar decisiones éticas y sabias. Al reflexionar sobre las posibles consecuencias de nuestras acciones, podemos elegir caminos que sean coherentes con nuestros principios y que promuevan el bien común. Esta claridad moral nos guía en la construcción de una vida que no solo es satisfactoria para nosotros, sino también beneficiosa para la comunidad.

El poder de la introspección reside en su capacidad para transformar nuestra vida interior y exterior. Nos permite vivir con una mayor conciencia y propósito, cultivando una mente clara y un corazón abierto. A través de la introspección, encontramos una fuente inagotable de conocimiento y fortaleza, que nos guía hacia una vida de paz, sabiduría y virtud.

# La disciplina como camino

La disciplina es un camino esencial en la filosofía estoica, un medio por el cual se cultivan la virtud, la sabiduría y la paz interior. Para los estoicos, la disciplina no es una restricción, sino una liberación, ya que nos libera de los impulsos descontrolados, las distracciones y las emociones negativas que pueden desviar nuestra vida de su propósito verdadero.

La disciplina estoica comienza con la autodisciplina, que es la capacidad de regular nuestras acciones, pensamientos y emociones de acuerdo con los principios de la razón y la virtud. Esto implica la práctica constante del autocontrol, manteniendo un enfoque claro en lo que es verdaderamente importante y resistiendo la tentación de ceder a deseos pasajeros o influencias externas. La autodisciplina nos permite actuar de manera coherente con nuestros valores, incluso cuando enfrentamos desafíos o tentaciones.

La disciplina es fundamental para la práctica de la moderación, una virtud central en el estoicismo. La moderación nos enseña a encontrar el equilibrio en nuestras vidas, evitando los excesos y deficiencias. A través de la disciplina, podemos mantener este equilibrio, asegurando que nuestras acciones y deseos no se desborden y que vivimos de manera sostenible y armoniosa. Esto no solo se aplica a aspectos tangibles como la alimentación o el consumo, sino también a nuestras emociones y pensamientos.

La disciplina también es crucial para el desarrollo de la resiliencia. Al enfrentarnos a la adversidad con una mente disciplinada, somos capaces de soportar las dificultades con paciencia y coraje. La disciplina nos ayuda a mantenernos firmes en nuestros principios y a no ser desviados por el miedo, la desesperación o el desánimo. Es una fuente de fortaleza interior que nos permite seguir adelante, incluso en los momentos más difíciles.

En la vida cotidiana, la disciplina se manifiesta en la constancia en nuestras prácticas y compromisos. Ya sea a través del estudio, el trabajo, el ejercicio o la meditación, la disciplina nos ayuda a desarrollar habilidades y conocimientos que enriquecen nuestra vida y nos acercan a nuestros objetivos. Esta constancia fomenta la autoconfianza y el sentido de logro, reforzando nuestra motivación y determinación para seguir avanzando.

La disciplina no se trata solo de restricciones y control, sino también de la capacidad de enfocarse en lo que verdaderamente nutre nuestro espíritu. Nos permite dedicar tiempo y energía a lo que es significativo y valioso, cultivando nuestras relaciones, nuestro bienestar y nuestra conexión con lo que consideramos trascendente.

La disciplina es el camino hacia la libertad interior. Nos libera de la tiranía de los impulsos desordenados y de las circunstancias externas, permitiéndonos vivir de acuerdo con nuestra verdadera naturaleza y nuestros ideales más elevados. A través de la disciplina, encontramos un camino hacia una vida plena y auténtica, una vida guiada por la razón, la virtud y la serenidad.

# La serenidad ante la incertidumbre

La serenidad ante la incertidumbre es una cualidad esencial en la filosofía estoica, que nos invita a aceptar la naturaleza cambiante e impredecible de la vida con calma y claridad. En un mundo donde muchas cosas están fuera de nuestro control, el estoico encuentra paz interior al enfocarse en lo que puede controlar: sus pensamientos, emociones y acciones.

Esta serenidad no es indiferencia ni resignación, sino una aceptación activa de la realidad. Reconoce que la vida está llena de eventos inesperados y situaciones inciertas, y que intentar controlar o predecir todos los aspectos de la existencia es inútil y genera ansiedad. Al aceptar esta verdad, el estoico libera su mente del estrés y la preocupación innecesarios, creando un espacio para responder a las circunstancias de manera más sabia y considerada.

La serenidad ante la incertidumbre también se nutre de la confianza en la propia capacidad para enfrentar los desafíos. El estoico cultiva una mentalidad de resiliencia, sabiendo que, aunque no puede prever o evitar todos los problemas, siempre puede elegir cómo responder a ellos. Esta confianza en la propia fortaleza y en la posibilidad de aprender y crecer a partir de las dificultades refuerza la tranquilidad interior, incluso cuando las cosas no salen según lo planeado.

La práctica de la serenidad implica un enfoque en el presente. En lugar de preocuparse por el futuro o lamentarse por el pasado, el estoico se centra en el momento presente, actuando con conciencia y responsabilidad. Esta presencia consciente permite al estoico apreciar y aprovechar al máximo cada instante, sin quedar atrapado en la especulación sobre lo que podría ser o lo que podría haber sido.

La serenidad también se cultiva a través de la práctica de la gratitud y la aceptación. El estoico aprende a valorar lo que tiene, reconociendo que muchas cosas en la vida son transitorias y que el cambio es una constante. Esta gratitud no solo ayuda a mantener una perspectiva equilibrada, sino que también fomenta una actitud de aceptación hacia lo que no se puede cambiar. Aceptar la incertidumbre como parte natural de la vida permite al estoico encontrar paz y equilibrio, incluso en situaciones inciertas o desafiantes.

La serenidad ante la incertidumbre es una expresión de sabiduría y madurez. Al comprender la naturaleza limitada de nuestro conocimiento y control, el estoico adopta una postura de humildad y apertura ante la vida. Esta postura permite una mayor adaptabilidad y flexibilidad, cualidades esenciales para navegar con éxito un mundo en constante cambio.

La serenidad ante la incertidumbre es un camino hacia una vida más plena y equilibrada. Es una invitación a vivir con aceptación, gratitud y confianza, encontrando en la incertidumbre no una fuente de miedo, sino una oportunidad para crecer y descubrir nuevas posibilidades.

# Mantener la compostura

Mantener la compostura es una virtud fundamental en la filosofía estoica, que implica mantener la calma, la serenidad y el autocontrol en situaciones de estrés, conflicto o adversidad. Esta capacidad es esencial para vivir con sabiduría y equilibrio, permitiéndonos responder a los desafíos de la vida de manera reflexiva y no reactiva.

La compostura se cultiva a través de la práctica constante de la autoconciencia. Esto implica estar atento a nuestras emociones y reacciones internas, observándolas sin juicio y sin dejar que nos dominen. Al desarrollar esta conciencia, podemos reconocer cuándo estamos a punto de perder el control o ser arrastrados por emociones intensas, como la ira, el miedo o la frustración. Este reconocimiento es el primer paso para recuperar la calma y actuar de manera más deliberada.

Para el estoico, mantener la compostura no significa reprimir o ignorar las emociones, sino gestionarlas de manera sabia. Es la capacidad de sentir y reconocer las emociones sin permitir que estas dicten nuestras acciones de manera automática. Al controlar nuestras respuestas emocionales, podemos mantener la claridad de pensamiento y la racionalidad, incluso en situaciones difíciles. Esto nos permite tomar decisiones que estén alineadas con nuestros valores y objetivos, en lugar de ser impulsadas por impulsos momentáneos.

La compostura también implica una actitud de aceptación y paciencia. En la vida, enfrentamos muchas situaciones que están fuera de nuestro control. Al aceptar esta realidad, evitamos la ansiedad y la agitación que provienen de tratar de controlar lo incontrolable. En lugar de resistirnos a lo que no podemos cambiar, adoptamos una postura de paciencia y serenidad, confiando en nuestra capacidad para adaptarnos y superar las dificultades.

Mantener la compostura tiene un efecto positivo en nuestras relaciones interpersonales. Al enfrentar los conflictos y desacuerdos con calma y respeto, podemos comunicar nuestras ideas y sentimientos de manera más efectiva y constructiva. La compostura nos ayuda a escuchar con empatía, a evitar malentendidos y a resolver las diferencias de manera pacífica y racional.

La capacidad de mantener la compostura es una expresión de fortaleza interior y autodominio. Nos permite navegar por la vida con dignidad y confianza, sin ser fácilmente perturbados por las fluctuaciones externas. Esta estabilidad interior es una fuente de paz y satisfacción, ya que nos libera de las reacciones impulsivas y nos permite vivir de acuerdo con nuestros principios más profundos.

Mantener la compostura es una habilidad valiosa que contribuye a una vida equilibrada y virtuosa. Es una práctica continua que requiere disciplina y autoconciencia, pero que ofrece grandes recompensas en términos de bienestar emocional, relaciones saludables y una vida en armonía con uno mismo y con los demás.

# La gratitud estoica

La gratitud es un componente esencial de la filosofía estoica, que nos invita a apreciar profundamente lo que tenemos y a reconocer el valor de cada experiencia, positiva o negativa. La gratitud estoica va más allá del simple reconocimiento de los beneficios recibidos; es una actitud fundamental hacia la vida que promueve la aceptación, la paz interior y una perspectiva equilibrada.

Para los estoicos, la gratitud se basa en la comprensión de que todo en la vida es temporal y que no tenemos control sobre muchos aspectos de nuestra existencia. Este entendimiento nos lleva a valorar más profundamente lo que tenemos, desde las pequeñas comodidades cotidianas hasta las relaciones significativas y las oportunidades de crecimiento. La gratitud nos ayuda a centrar nuestra atención en lo que es verdaderamente importante y a no dar por sentado lo que ya poseemos.

La gratitud estoica no se limita a los aspectos positivos de la vida. Incluye también el reconocimiento de las dificultades y desafíos como oportunidades para aprender y fortalecer nuestro carácter. Los estoicos creen que cada situación, por difícil que sea, contiene una lección valiosa y una oportunidad para practicar la virtud, ya sea la paciencia, la resiliencia o la compasión. Agradecer estos momentos difíciles nos permite transformar la adversidad en crecimiento personal y sabiduría.

La práctica de la gratitud estoica también fomenta una vida de moderación y simplicidad. Al apreciar lo que tenemos, reducimos el deseo de acumular más y más cosas materiales, que a menudo no contribuyen al bienestar a largo plazo. Esta actitud de gratitud y suficiencia nos ayuda a vivir con menos ansiedad y más contento, enfocándonos en la calidad de nuestras experiencias y relaciones en lugar de en la cantidad de nuestras posesiones.

La gratitud tiene un impacto significativo en nuestra paz interior y en nuestras relaciones con los demás. Al ser agradecidos, cultivamos una actitud de aprecio y respeto, tanto hacia nosotros mismos como hacia quienes nos rodean. Esta actitud nos hace más empáticos y generosos, fortaleciendo nuestros lazos sociales y fomentando un sentido de comunidad y apoyo mutuo.

La gratitud estoica es una práctica de humildad y reconocimiento de nuestra interdependencia con el mundo. Nos recuerda que mucho de lo que disfrutamos no es resultado de nuestros propios esfuerzos, sino del trabajo y la generosidad de otros y de las circunstancias favorables. Este reconocimiento nos ayuda a vivir con una mayor conciencia de nuestro lugar en el mundo y a actuar con más compasión y responsabilidad hacia los demás.

La gratitud estoica es una herramienta poderosa para cultivar una vida plena y significativa. Es una invitación a mirar más allá de las apariencias superficiales y a encontrar el valor en cada momento y en cada experiencia. Al practicar la gratitud, nos acercamos a una vida de mayor paz, satisfacción y conexión con el mundo que nos rodea.

# El desapego saludable

El desapego saludable es un principio clave en la filosofía estoica, que enseña a relacionarse con el mundo de una manera que permita mantener la paz interior y la claridad de juicio. Este concepto no significa indiferencia o falta de amor hacia las personas o las cosas, sino una relación equilibrada en la que uno se mantiene libre de las ataduras emocionales que pueden llevar al sufrimiento y la confusión.

El desapego saludable se basa en la comprensión de que todo en la vida es transitorio y que el apego excesivo a las personas, las posesiones o las situaciones puede generar dolor y angustia. Los estoicos nos recuerdan que la naturaleza del mundo es cambiante y que tratar de aferrarnos a lo impermanente es una fuente de insatisfacción. Al practicar el desapego, aprendemos a disfrutar de lo que tenemos sin depender de ello para nuestra felicidad o sentido de valía.

Este desapego no implica una retirada del mundo o una renuncia a las relaciones y experiencias. Al contrario, permite una participación más plena y genuina en la vida, ya que nos libera de los miedos y ansiedades que pueden distorsionar nuestras percepciones y comportamientos. Al no estar obsesionados con la pérdida o el cambio, podemos apreciar más profundamente el presente y actuar con mayor libertad y autenticidad.

Un aspecto importante del desapego saludable es la distinción entre lo que está bajo nuestro control y lo que no lo está. Según los estoicos, nuestras acciones, pensamientos y actitudes son nuestras verdaderas posesiones, mientras que el resultado de nuestras acciones, las opiniones de los demás y las circunstancias externas están fuera de nuestro control. Al concentrarnos en lo que podemos influir, liberamos nuestra mente de preocupaciones innecesarias y cultivamos una serenidad y fortaleza interior.

El desapego saludable también fomenta la humildad y la gratitud. Al reconocer que no controlamos el curso de los eventos o el comportamiento de los demás, adoptamos una postura de aceptación y agradecimiento por lo que tenemos, sin dar nada por sentado. Esta actitud nos permite vivir con una mayor conciencia de la fragilidad y el valor de nuestras experiencias y relaciones, y nos motiva a cuidar de ellas con compasión y respeto.

El desapego nos ayuda a enfrentar la adversidad con más resiliencia. Al no estar emocionalmente dependientes de resultados específicos, podemos adaptarnos más fácilmente a los cambios y desafíos, y encontrar oportunidades de crecimiento en cada situación. Esta flexibilidad nos permite vivir con una mente abierta y un corazón sereno, sin ser sacudidos por las fluctuaciones de la fortuna.

El desapego saludable es una práctica de libertad interior y claridad de propósito. Nos enseña a vivir de manera plena y comprometida, disfrutando de lo que la vida ofrece sin quedar atrapados en la trampa del apego. Al practicar el desapego, cultivamos una vida de equilibrio, paz y auténtica conexión con el mundo que nos rodea, basada en una profunda comprensión de la naturaleza transitoria de todas las cosas.

# Vivir conforme a la naturaleza

Vivir conforme a la naturaleza es un principio fundamental en la filosofía estoica, que implica vivir en armonía con la esencia de uno mismo y con el orden natural del universo. Esta idea se centra en la comprensión de la naturaleza humana y del mundo, y en la alineación de nuestras acciones y pensamientos con estos entendimientos.

Para los estoicos, vivir conforme a la naturaleza significa primero reconocer nuestra propia naturaleza como seres racionales. Esto nos distingue del resto de la creación y nos otorga la capacidad de reflexionar, de hacer juicios éticos y de elegir nuestras acciones. La razón es vista como el aspecto más elevado de nuestra naturaleza, y vivir de acuerdo con la razón implica actuar con sabiduría, justicia, coraje y moderación. Estas virtudes son las que nos permiten vivir de manera plena y significativa, en consonancia con nuestra verdadera naturaleza.

Vivir conforme a la naturaleza implica aceptar el orden natural del cosmos. Los estoicos creen que el universo está organizado de manera racional y que todo lo que sucede tiene una razón de ser, aunque esta pueda no ser siempre evidente para nosotros. Al aceptar que no todo está bajo nuestro control y que hay un orden natural que guía los eventos, los estoicos desarrollan una actitud de serenidad y aceptación. Esto les permite enfrentar las adversidades con una mente tranquila, entendiendo que cada situación es una oportunidad para practicar la virtud y crecer.

Este principio también se extiende a la relación con la naturaleza externa. Vivir conforme a la naturaleza incluye un respeto profundo por el medio ambiente y una vida en armonía con los ciclos y procesos naturales. Los estoicos abogan por una vida de simplicidad y moderación, evitando los excesos y respetando los recursos naturales. Esta forma de vivir no solo promueve la sostenibilidad y la preservación del entorno, sino que también refuerza la conexión del individuo con el mundo natural y sus ritmos.

Vivir conforme a la naturaleza también significa reconocer nuestra interdependencia con los demás. Los estoicos enseñan que somos seres sociales por naturaleza y que la verdadera felicidad se encuentra en la colaboración y la convivencia armoniosa con los demás. Este reconocimiento nos impulsa a actuar con justicia y benevolencia, a contribuir al bien común y a valorar la comunidad y las relaciones humanas. Vivir conforme a la naturaleza es una invitación a buscar una vida de coherencia y autenticidad. Nos anima a alinear nuestras acciones con nuestros valores más profundos y a vivir de acuerdo con nuestro verdadero yo, en lugar de dejarnos llevar por las convenciones sociales o los deseos superficiales. Este camino hacia la autenticidad nos conduce a una vida de mayor paz interior, sabiduría y realización personal.

Vivir conforme a la naturaleza es un principio que guía hacia una vida de virtud, equilibrio y armonía con uno mismo y con el universo. Al vivir de esta manera, encontramos una mayor claridad de propósito, una profunda conexión con la esencia de la vida y una paz interior que trasciende las circunstancias externas.

# La fortaleza de voluntad

La fortaleza de voluntad es una virtud esencial en la filosofía estoica, una cualidad que nos capacita para mantenernos firmes en nuestros principios y objetivos, incluso frente a las dificultades y tentaciones. Es la capacidad de dirigir nuestras acciones de acuerdo con la razón y la virtud, superando las influencias externas y los impulsos internos que puedan desviarnos de nuestro camino.

Para los estoicos, la fortaleza de voluntad es un componente crucial del autodominio. Implica la disciplina de controlar nuestros pensamientos y emociones, de no dejarnos llevar por el deseo de placeres efímeros o el temor al dolor y la adversidad. Esta fortaleza no es simplemente resistencia pasiva, sino una acción deliberada para vivir de acuerdo con nuestros valores más profundos, a pesar de las circunstancias.

La fortaleza de voluntad se cultiva a través de la práctica constante de la autoobservación y la reflexión. Al estar atentos a nuestras reacciones y a las motivaciones detrás de nuestras acciones, podemos identificar las áreas donde nuestras voluntades pueden flaquear y trabajar para fortalecerlas. Esto requiere una honestidad radical con uno mismo y un compromiso con la mejora continua.

La fortaleza de voluntad está estrechamente ligada al coraje. Los estoicos enseñan que la vida está llena de incertidumbres y desafíos, y que enfrentarlos con valor es esencial para el crecimiento personal. La fortaleza de voluntad nos da el coraje para enfrentar el miedo, la duda y la adversidad con una mente clara y un corazón firme. Nos permite tomar decisiones difíciles, mantenerse firmes en nuestras convicciones y perseverar en nuestros esfuerzos, incluso cuando el camino es arduo.

Esta virtud también nos ayuda a mantener la coherencia y la integridad. En un mundo lleno de distracciones y presiones, la fortaleza de voluntad nos permite seguir siendo fieles a nosotros mismos y a nuestros principios, evitando la conformidad o el abandono de nuestros ideales por conveniencia o presión social. Esta coherencia es fundamental para una vida auténtica y significativa.

La fortaleza de voluntad es también una fuente de resiliencia. Nos capacita para recuperarnos de los fracasos y las decepciones, y para seguir adelante con determinación y esperanza. Al reconocer que no siempre podemos controlar el resultado de nuestras acciones, pero sí podemos controlar nuestros esfuerzos, encontramos una paz interior que nos fortalece frente a las pruebas de la vida.

La fortaleza de voluntad es una manifestación de nuestra libertad interior. Al dominar nuestros deseos y temores, podemos vivir de acuerdo con nuestra verdadera naturaleza y nuestros ideales, sin ser esclavos de las circunstancias externas. Esta libertad nos permite vivir una vida de propósito y realización, guiada por la sabiduría y la virtud.

La fortaleza de voluntad es una virtud que nos empodera para enfrentar la vida con coraje, disciplina y autenticidad. Es un pilar fundamental para una vida virtuosa y equilibrada, que nos ayuda a navegar las complejidades del mundo con claridad y firmeza, siempre fieles a nuestros principios más profundos.

# El control de las pasiones

El control de las pasiones es un concepto central en la filosofía estoica, que se refiere a la capacidad de gestionar y moderar las emociones intensas que pueden desestabilizar la mente y el espíritu. Los estoicos ven las pasiones, como el miedo, la ira, el deseo y la tristeza, no simplemente como sentimientos naturales, sino como respuestas emocionales que, si no se manejan adecuadamente, pueden conducir al sufrimiento y al desvío del camino de la virtud.

Para los estoicos, las pasiones son el resultado de juicios erróneos o percepciones distorsionadas de la realidad. Creen que las emociones intensas suelen surgir cuando atribuimos una importancia excesiva a cosas que están fuera de nuestro control o cuando confundimos los bienes externos con el verdadero bien, que es la virtud. Por lo tanto, el control de las pasiones no implica suprimir o ignorar las emociones, sino reorientar nuestra perspectiva y juicios para alinearlos con la razón y la realidad.

El proceso de controlar las pasiones comienza con la autoobservación y el autoconocimiento. Esto implica estar atentos a nuestras emociones y a las situaciones que las desencadenan, así como a los pensamientos y creencias subyacentes que las alimentan. Al identificar estos patrones, podemos trabajar para desafiarlos y cambiarlos, cultivando una visión más equilibrada y racional de la vida.

Una de las herramientas clave para controlar las pasiones es la práctica de la moderación. Los estoicos enseñan que es fundamental evitar los extremos emocionales y buscar un estado de equilibrio y serenidad. La moderación nos ayuda a responder a los eventos de manera medida y considerada, en lugar de reaccionar impulsivamente. Esto no significa que uno deba ser emocionalmente apático, sino que debe cultivar una disposición tranquila y reflexiva.

Otra herramienta es la práctica de la premeditatio malorum, que consiste en anticipar mentalmente posibles dificultades o desafíos antes de que ocurran. Esta preparación mental fortalece nuestra resiliencia emocional y nos ayuda a enfrentar las situaciones con mayor ecuanimidad, sabiendo que el sufrimiento no proviene tanto de los eventos mismos como de nuestra reacción a ellos.

El control de las pasiones también implica desarrollar la capacidad de aceptar la naturaleza transitoria de todas las cosas. Al entender que las circunstancias y los estados emocionales son temporales, podemos aprender a no identificarnos demasiado con ellos y a no dejarnos arrastrar por la desesperación o el euforia. Este desapego saludable nos permite mantener la perspectiva y la serenidad, incluso en tiempos difíciles.

El control de las pasiones es una expresión de la libertad interior y el dominio de uno mismo. Al gestionar nuestras emociones de manera consciente y deliberada, podemos vivir de acuerdo con nuestros valores y principios, en lugar de ser esclavos de nuestros impulsos y deseos. Esta maestría emocional nos capacita para llevar una vida más plena y significativa, en armonía con nosotros mismos y con el mundo.

El control de las pasiones es un camino hacia una vida de paz, sabiduría y equilibrio. Es una práctica continua de autoconocimiento y moderación que nos permite vivir con integridad y autenticidad, guiados por la razón y la virtud, en lugar de por las fluctuaciones emocionales.

# La honestidad consigo mismo

La honestidad consigo mismo es una virtud central en la filosofía estoica, una práctica esencial para el crecimiento personal y la autenticidad. Esta honestidad implica un compromiso con la verdad en todas sus formas, especialmente en la autoevaluación y el autoconocimiento. Es la capacidad de mirarse a uno mismo con claridad y sin autoengaños, reconociendo tanto las virtudes como las fallas, y trabajando constantemente para mejorar.

Para los estoicos, la honestidad consigo mismo comienza con la autoobservación. Esto implica estar atento a nuestros pensamientos, emociones y acciones, y evaluar si están alineados con nuestros valores y principios. La autoobservación nos ayuda a identificar patrones de comportamiento que pueden ser contraproducentes o dañinos, y nos permite hacer los ajustes necesarios para vivir de manera más virtuosa.

La reflexión diaria es una herramienta clave para cultivar esta honestidad. Al final de cada día, el estoico reflexiona sobre sus acciones, considerando en qué medida ha vivido de acuerdo con sus ideales. Esta práctica no es un ejercicio de autocrítica severa, sino una oportunidad para el aprendizaje y el crecimiento. Al reconocer los errores sin juzgarnos con dureza, podemos aprender de ellos y fortalecer nuestro carácter.

La honestidad consigo mismo también requiere valentía. Es necesario enfrentar verdades incómodas sobre nosotros mismos, aceptar nuestras limitaciones y reconocer nuestras áreas de mejora. Esta valentía nos libera de la necesidad de mantener una imagen idealizada de nosotros mismos y nos permite ser auténticos. Al ser honestos sobre nuestras debilidades, nos abrimos a la posibilidad de cambio y crecimiento.

Esta honestidad fomenta la integridad. Cuando somos honestos con nosotros mismos, es más probable que actuemos de manera coherente con nuestros valores y principios. La integridad implica una coherencia entre lo que decimos, pensamos y hacemos. Esta coherencia no solo nos brinda paz interior, sino que también nos gana la confianza y el respeto de los demás.

La honestidad consigo mismo también es crucial para la resiliencia emocional. Al reconocer y aceptar nuestras emociones, incluso las más difíciles, podemos gestionarlas de manera más efectiva. Negar o reprimir nuestras emociones solo lleva a una mayor tensión y conflicto interno. En cambio, al confrontarlas con honestidad, podemos encontrar formas constructivas de abordarlas y resolverlas.

La honestidad consigo mismo es una base para una vida auténtica y significativa. Nos permite vivir con una mayor claridad y propósito, alineando nuestras acciones con nuestros verdaderos valores y deseos. Esta honestidad nos ayuda a desarrollar una relación más profunda y genuina con nosotros mismos, lo que a su vez mejora nuestras relaciones con los demás.

La honestidad consigo mismo es una práctica continua de autoconocimiento y autoevaluación. Es una invitación a vivir de manera auténtica, aceptando nuestras imperfecciones y trabajando constantemente para ser la mejor versión de nosotros mismos. Al ser honestos con nosotros mismos, cultivamos una vida de integridad, crecimiento y verdadera satisfacción.

89

# La preparación para la muerte

La preparación para la muerte es un tema fundamental en la filosofía estoica, que enseña a aceptar la muerte como una parte natural e inevitable de la vida. Los estoicos creen que, al enfrentar la realidad de la muerte con serenidad y reflexión, podemos vivir de manera más plena y significativa. Esta preparación no es un acto de morbosidad, sino una práctica de sabiduría y coraje que nos ayuda a valorar la vida y a actuar con mayor conciencia y propósito.

Para los estoicos, la muerte es un recordatorio de la impermanencia de todas las cosas. Reconocer que la vida es temporal nos libera del apego excesivo a las cosas materiales y a las preocupaciones triviales. Al recordar nuestra mortalidad, podemos enfocarnos en lo que realmente importa: vivir con virtud, cultivar relaciones significativas y contribuir al bien común. Esta perspectiva nos ayuda a priorizar nuestras acciones y a vivir de manera más auténtica y consciente.

La preparación para la muerte también implica una aceptación de lo inevitable. Los estoicos enseñan que la muerte es un proceso natural, que forma parte del orden del universo. Al aceptar este hecho, podemos reducir el miedo y la ansiedad que a menudo rodean la muerte. Esta aceptación no significa resignarse pasivamente, sino adoptar una actitud de paz y comprensión, sabiendo que la muerte es una transición natural en el ciclo de la vida.

El concepto de "memento mori", o "recuerda que

morirás", es un elemento clave en la preparación estoica para la muerte. Este recordatorio constante de la mortalidad nos invita a vivir cada día con plena conciencia y gratitud, a no postergar las cosas importantes y a actuar con integridad y coraje. "memento mori" no es una invitación a la desesperanza, sino un llamado a apreciar cada momento y a vivir de acuerdo con nuestros valores más profundos.

La preparación para la muerte también nos impulsa a reflexionar sobre nuestro legado y cómo queremos ser recordados. Nos anima a considerar el impacto de nuestras acciones en los demás y en el mundo, y a esforzarnos por dejar un legado positivo. Esta reflexión nos motiva a vivir de manera ética y generosa, contribuyendo al bienestar de los demás y al fortalecimiento de la comunidad.

La preparación estoica para la muerte incluye la práctica de la gratitud y el aprecio por la vida. Al entender la fragilidad y la transitoriedad de la existencia, aprendemos a valorar más profundamente las experiencias y las relaciones que tenemos. Esta apreciación nos ayuda a vivir con más alegría y satisfacción, reconociendo la belleza y el valor de cada momento.

La preparación para la muerte es una práctica de liberación. Al enfrentar nuestra mortalidad, nos liberamos del miedo que puede paralizarnos y limitarnos. Esta liberación nos permite vivir con más libertad, autenticidad y coraje, abrazando la vida con todas sus incertidumbres y desafíos.

La preparación para la muerte es una parte integral de la vida estoica, que nos guía hacia una existencia más consciente, virtuosa y significativa. Al aceptar la inevitabilidad de la muerte y reflexionar sobre su

significado, podemos vivir de manera más plena y 
auténtica, valorando cada día y cada experiencia como un 
regalo preciado.

# La contemplación de la mortalidad

La contemplación de la mortalidad, o "memento mori", es una práctica esencial en la filosofía estoica, que implica reflexionar sobre la inevitabilidad de la muerte y su significado en nuestra vida cotidiana. Esta contemplación no es un ejercicio de morbosidad, sino una herramienta poderosa para vivir de manera más consciente, auténtica y enfocada en lo esencial.

Para los estoicos, contemplar la mortalidad es una manera de recordar que la vida es finita y que, por lo tanto, cada momento es valioso. Este recordatorio constante nos ayuda a mantener una perspectiva clara sobre lo que realmente importa, guiando nuestras decisiones y prioridades hacia lo que tiene verdadero significado. Al reconocer la temporalidad de nuestra existencia, somos incentivados a aprovechar al máximo nuestro tiempo, enfocándonos en el crecimiento personal, las relaciones significativas y las contribuciones al bien común.

La práctica de "memento mori" también tiene un efecto liberador. Al aceptar que la muerte es una parte natural de la vida, podemos reducir el miedo y la ansiedad asociados con ella. Esta aceptación nos permite vivir con una mayor serenidad y coraje, sin estar paralizados por el temor a lo desconocido o a la pérdida. Al entender que la muerte es simplemente una transición natural, podemos encontrar paz y aceptar la fragilidad de la vida.

Contemplar la mortalidad nos ayuda a cultivar la humildad y la gratitud. Al recordar que nuestros días están contados, aprendemos a no dar por sentadas nuestras experiencias y relaciones. Esta perspectiva nos invita a apreciar cada momento, a vivir con gratitud por lo que tenemos y a expresar amor y reconocimiento a quienes nos rodean. La conciencia de la muerte nos motiva a ser más presentes, a disfrutar de las cosas simples y a vivir con una mayor profundidad emocional y espiritual.

La contemplación de la mortalidad también nos impulsa a reflexionar sobre nuestro legado y el impacto de nuestras acciones. Al considerar cómo queremos ser recordados, somos incentivados a vivir de acuerdo con nuestros valores más altos, actuando con integridad y generosidad. Este enfoque nos lleva a buscar una vida de virtud y a contribuir positivamente a nuestras comunidades y al mundo en general.

La contemplación de la mortalidad es una llamada a la autenticidad. Nos recuerda que la vida es breve y que no debemos desperdiciarla persiguiendo objetivos superficiales o triviales. Esta práctica nos ayuda a descubrir lo que realmente valoramos y a alinear nuestras acciones con nuestros principios más profundos. Al vivir con una conciencia constante de nuestra mortalidad, podemos encontrar una mayor claridad y propósito, y cultivar una vida rica en significado y satisfacción.

La contemplación de la mortalidad es una práctica que nos invita a vivir de manera más plena y consciente. Nos ayuda a enfrentar la vida con coraje, a valorar lo esencial y a vivir en armonía con nuestros valores y principios. Al recordar que la vida es finita, encontramos la libertad para vivir con más alegría, gratitud y propósito, haciendo de cada día una expresión de lo mejor de nosotros mismos.

# La virtud como objetivo final

En la filosofía estoica, la virtud es considerada el objetivo final y el bien supremo de la vida humana. Los estoicos sostienen que la verdadera felicidad y la paz interior se encuentran en vivir de acuerdo con la virtud, que se define como la excelencia del carácter y la alineación con la razón. La virtud, según esta tradición filosófica, no es solo un medio para alcanzar un fin, sino el fin mismo de una vida buena y significativa.

Para los estoicos, la virtud abarca cuatro cualidades fundamentales: sabiduría, justicia, coraje y templanza. Cada una de estas virtudes representa un aspecto crucial de la vida ética y está interrelacionada con las demás:

Sabiduría: es la capacidad de discernir lo correcto de lo incorrecto, de actuar con prudencia y de comprender la naturaleza de la realidad. La sabiduría nos guía para tomar decisiones informadas y reflexivas, y para vivir de acuerdo con la verdad y la razón.

Justicia: implica actuar con equidad y rectitud en nuestras relaciones con los demás. La justicia nos lleva a tratar a todas las personas con respeto y a contribuir al bienestar de la comunidad, reconociendo nuestra interdependencia con los demás.

Coraje: es la capacidad de enfrentar el miedo, la adversidad y el riesgo con fortaleza y determinación. El coraje nos permite perseverar en la búsqueda del bien, incluso cuando enfrentamos desafíos o amenazas.

Templanza: es la moderación y el autocontrol en

todos los aspectos de la vida, desde las emociones hasta los deseos físicos. La templanza nos ayuda a evitar los excesos y a mantener un equilibrio armonioso, viviendo con simplicidad y claridad de propósito.

La virtud, para los estoicos, es una fuente de libertad interior. Al cultivar estas cualidades, nos liberamos de las pasiones y de las influencias externas que pueden desviar nuestra vida. Vivir virtuosamente nos permite actuar con independencia, guiados por nuestros principios y no por las circunstancias o las opiniones de los demás.

La virtud es vista como la clave para la verdadera felicidad, o "eudaimonia". Según los estoicos, la felicidad no se encuentra en los placeres externos, la riqueza o el reconocimiento, sino en el estado interno de vivir de acuerdo con la virtud. Esta felicidad es duradera y no depende de los vaivenes de la fortuna, porque se basa en el carácter y la sabiduría. La búsqueda de la virtud también tiene un componente social importante. Al vivir virtuosamente, no solo mejoramos nuestra propia vida, sino que también contribuimos al bienestar de los demás. La virtud nos impulsa a actuar con benevolencia y justicia, a ser un ejemplo positivo y a fortalecer la comunidad.

La virtud como objetivo final en el estoicismo es una invitación a vivir una vida plena, consciente y alineada con nuestros valores más elevados. Es un camino hacia la autenticidad y la integridad, que nos guía a través de las complejidades de la vida con sabiduría, justicia, coraje y templanza. Al poner la virtud en el centro de nuestra existencia, encontramos un sentido profundo y duradero, una paz interior que trasciende las circunstancias externas y una conexión más rica con nosotros mismos y con el mundo.

# La simplicidad en el estilo de vida

La simplicidad en el estilo de vida es un principio fundamental en la filosofía estoica, que promueve una vida enfocada en lo esencial y libre de excesos innecesarios. Esta práctica nos ayuda a encontrar satisfacción y paz interior al valorar lo que realmente importa y al reducir el ruido y la distracción que a menudo acompañan una vida complicada y materialista.

La simplicidad estoica se basa en la idea de que la verdadera felicidad no se encuentra en la acumulación de bienes materiales o en la búsqueda constante de placeres externos, sino en la virtud y la sabiduría. Los estoicos enseñan que, al reducir nuestras necesidades y deseos, podemos concentrar nuestra energía en el desarrollo del carácter y en la búsqueda del bien, en lugar de ser esclavos de nuestras posesiones o de las expectativas sociales.

Este enfoque hacia la simplicidad tiene varios beneficios clave:

Libertad interior: al vivir de manera sencilla, nos liberamos de la presión de perseguir constantemente más bienes y estatus. Esta libertad nos permite centrarnos en nuestro crecimiento personal y en nuestras relaciones, en lugar de en la adquisición de objetos o la búsqueda de la aprobación externa.

Claridad de propósito: la simplicidad ayuda a aclarar nuestras prioridades, permitiéndonos enfocar en lo que es realmente importante para nosotros. Al eliminar el exceso, podemos identificar lo que verdaderamente valoramos y vivir en consonancia con esos valores. Esto fomenta una vida más coherente y significativa.

Paz y tranquilidad: reducir el desorden y la complejidad en nuestra vida diaria puede disminuir el estrés y la ansiedad. La simplicidad nos ayuda a cultivar una mente tranquila, menos preocupada por la adquisición y el mantenimiento de cosas innecesarias. Esto nos permite disfrutar más plenamente del presente y encontrar satisfacción en las pequeñas cosas de la vida.

Sostenibilidad y responsabilidad: adoptar un estilo de vida sencillo también tiene implicaciones éticas y ecológicas. Al consumir menos, reducimos nuestra huella ambiental y vivimos de manera más sostenible. Esto no solo es beneficioso para el planeta, sino que también refleja una actitud de responsabilidad y respeto hacia la naturaleza y las generaciones futuras.

Fortalecimiento de las relaciones: un enfoque en la simplicidad a menudo conlleva una mayor apreciación de las relaciones y conexiones humanas. Al valorar las experiencias y los momentos compartidos sobre los objetos materiales, podemos cultivar relaciones más profundas y significativas con los demás.

Resiliencia: la simplicidad nos prepara mejor para enfrentar las adversidades, ya que, al tener menos apegos materiales, somos menos vulnerables a las pérdidas externas. Esto fortalece nuestra capacidad de adaptarnos a los cambios y nos permite mantener una actitud positiva frente a las dificultades.

En esencia, la simplicidad en el estilo de vida estoico es una invitación a vivir con intención y autenticidad. Nos anima a reflexionar sobre lo que realmente necesitamos y valoramos, y a alinear nuestra vida con esos principios. Al simplificar nuestras vidas, encontramos una mayor claridad y serenidad, y cultivamos una existencia que es rica en significado, propósito y conexión con lo que realmente importa.

# La búsqueda de la verdad

La búsqueda de la verdad es una piedra angular en la filosofía estoica, una búsqueda que va más allá del simple conocimiento de hechos para abarcar la comprensión profunda de la realidad, la naturaleza humana y los principios éticos que deben guiar nuestras vidas. Esta búsqueda es un camino continuo hacia la sabiduría y la virtud, fundamentales para vivir de acuerdo con la razón y en armonía con el universo.

Para los estoicos, la verdad no es solo un conjunto de datos objetivos, sino una comprensión integral de cómo debemos vivir y comportarnos. Esta verdad abarca varios aspectos:

La naturaleza de la realidad: los estoicos creen que el universo está ordenado de acuerdo con un principio racional, al que a menudo se refieren como "logos". Entender esta estructura racional es fundamental para comprender el lugar del ser humano en el cosmos y actuar en consecuencia. La verdad, en este sentido, implica aceptar las leyes naturales y vivir en conformidad con ellas, reconociendo nuestra limitación y finitud.

Autoconocimiento: la búsqueda de la verdad incluye un profundo autoconocimiento. Los estoicos enseñan que debemos conocernos a nosotros mismos, nuestras motivaciones, emociones y patrones de pensamiento, para poder alinearnos con la razón y la virtud. Este autoconocimiento es esencial para superar las ilusiones y autoengaños que pueden distorsionar nuestra visión del mundo y de nosotros mismos.

Ética y virtud: la verdad en el contexto estoico también se relaciona con la ética. Los estoicos sostienen que la virtud es el bien supremo y que vivir de acuerdo con la virtud es vivir en verdad. Esto significa actuar con justicia, sabiduría, coraje y moderación en todas las circunstancias, guiados por una comprensión clara de lo que es correcto y bueno.

Apego a lo permanente: la búsqueda de la verdad también implica discernir entre lo transitorio y lo permanente, lo superficial y lo esencial. Esto nos ayuda a enfocarnos en lo que tiene un valor duradero y a no ser desviados por placeres efímeros o preocupaciones mundanas.

Honestidad intelectual y moral: los estoicos valoran la honestidad, tanto con uno mismo como con los demás. Esta honestidad es crucial para la búsqueda de la verdad, ya que implica estar dispuesto a enfrentar hechos incómodos, admitir errores y aprender de ellos. Es una actitud de apertura y humildad ante el conocimiento y la experiencia.

Libertad y sabiduría: la búsqueda de la verdad es también una búsqueda de libertad interior. Al conocer la verdad sobre nosotros mismos y el mundo, nos liberamos de las pasiones irracionales y de las influencias externas que pueden controlarnos. Esta libertad nos permite actuar con más autonomía y responsabilidad, guiados por la sabiduría y no por las apariencias o las emociones desordenadas.

La búsqueda de la verdad en la filosofía estoica es un compromiso con la razón, la autocomprensión y la ética. Es una práctica que requiere disciplina, humildad y coraje, ya que nos invita a enfrentar nuestras propias limitaciones y a vivir de acuerdo con principios universales y eternos. A través de esta búsqueda, encontramos un camino hacia una vida más auténtica, libre y en sintonía con la verdadera naturaleza de la realidad y de nosotros mismos.

# La renuncia a lo innecesario

La renuncia a lo innecesario es un principio esencial en la filosofía estoica, que promueve una vida enfocada en lo esencial y libre de excesos. Esta práctica no es una mera austeridad, sino un enfoque deliberado en reducir el apego a las posesiones materiales, las distracciones superfluas y los deseos que no contribuyen al verdadero bienestar. La renuncia a lo innecesario busca simplificar la vida, permitiendo una mayor claridad, libertad y enfoque en lo que realmente importa.

Para los estoicos, la renuncia a lo innecesario se fundamenta en varios conceptos clave:

Diferenciación entre necesidades y deseos: los estoicos hacen una clara distinción entre lo que es verdaderamente necesario para vivir y lo que es simplemente deseado. Las necesidades básicas, como la alimentación, el refugio y la ropa, son esenciales para la supervivencia, mientras que muchos deseos, como la riqueza excesiva, el lujo y la fama, son superfluos. La renuncia a lo innecesario implica centrar nuestra energía y recursos en satisfacer las necesidades fundamentales, dejando de lado los deseos que no contribuyen al bienestar.

Reducción del apego: al renunciar a lo innecesario, reducimos el apego a las cosas materiales y a las circunstancias externas. Este desapego no es una falta de apreciación, sino un reconocimiento de que nuestra felicidad y paz interior no deben depender de factores externos que están fuera de nuestro control. Al liberar nuestra mente del apego a lo superfluo, podemos encontrar una mayor estabilidad emocional y una verdadera libertad interior.

Foco en la virtud y el carácter: la filosofía estoica enseña que la verdadera riqueza se encuentra en la virtud y el carácter, no en las posesiones materiales. Al renunciar a lo innecesario, podemos dedicar más tiempo y energía a cultivar nuestras virtudes, como la sabiduría, la justicia, el coraje y la templanza. Este enfoque nos permite vivir una vida más plena y significativa, centrada en el crecimiento personal y en contribuir al bienestar de los demás.

Simplicidad y moderación: la renuncia a lo innecesario fomenta un estilo de vida sencillo y moderado. La simplicidad nos ayuda a evitar el estrés y la ansiedad asociados con la búsqueda constante de más bienes y placeres. La moderación nos enseña a disfrutar de lo que tenemos sin caer en el exceso, manteniendo un equilibrio saludable en nuestras vidas.

Conciencia y presencia: al simplificar nuestras vidas y reducir las distracciones innecesarias, podemos estar más presentes en el momento y apreciar más plenamente nuestras experiencias diarias. Esta presencia consciente nos permite conectar más profundamente con nosotros mismos, con los demás y con el mundo que nos rodea.

Impacto ambiental y social: la renuncia a lo innecesario también tiene implicaciones éticas y ecológicas. Al consumir menos, reducimos nuestra huella ambiental y contribuimos a la sostenibilidad del planeta. Al valorar más lo que tenemos, podemos ser más generosos y compasivos, compartiendo nuestros recursos con aquellos que lo necesitan.

La renuncia a lo innecesario en la filosofía estoica es

una práctica de simplificación y enfoque en lo esencial. Nos ayuda a liberarnos de las ataduras materiales y emocionales que pueden limitar nuestra libertad y bienestar, y nos guía hacia una vida de mayor virtud, autenticidad y satisfacción. Es un camino hacia una existencia más consciente y equilibrada, donde encontramos la verdadera riqueza en la calidad de nuestra vida interior y en las relaciones significativas.

# La fortaleza mental

La fortaleza mental es una virtud fundamental en la filosofía estoica, que se refiere a la capacidad de mantener la calma, la resiliencia y la claridad de pensamiento ante los desafíos y adversidades. Es la habilidad de manejar las emociones, superar obstáculos y mantener el enfoque en los objetivos y valores, incluso en situaciones difíciles. Esta fortaleza no es una negación de las emociones, sino una gestión consciente de ellas, permitiendo que la razón y la virtud guíen nuestras acciones.

La fortaleza mental estoica se cultiva a través de varias prácticas y principios clave:

Autoobservación y autoconocimiento: los estoicos enfatizan la importancia de conocer y entender nuestras propias emociones, pensamientos y reacciones. Esta autoobservación nos permite identificar patrones de pensamiento que pueden ser perjudiciales y trabajar para cambiarlos. El autoconocimiento es el primer paso para desarrollar la fortaleza mental, ya que nos permite ver claramente nuestras debilidades y fortalezas.

Diferenciación entre lo controlable y lo incontrolable: una de las enseñanzas fundamentales del estoicismo es distinguir entre lo que está bajo nuestro control y lo que no lo está. La fortaleza mental implica aceptar con serenidad lo que no podemos cambiar y enfocar nuestra energía en lo que sí podemos controlar: nuestras propias acciones, pensamientos y actitudes. Esta aceptación reduce el estrés y la frustración, y fortalece nuestra capacidad para manejar las situaciones con calma y eficiencia.

Preparación mental y visualización: los estoicos practican la "premeditatio malorum", una visualización anticipada de posibles dificultades y desafíos. Esta práctica no es pesimista, sino una preparación mental que fortalece nuestra capacidad para enfrentar la adversidad con ecuanimidad. Al considerar de antemano cómo manejaríamos situaciones difíciles, nos volvemos más resilientes y menos propensos a ser sorprendidos o abrumados.

Moderación emocional: la fortaleza mental incluye la habilidad de moderar nuestras respuestas emocionales, evitando los extremos de la euforia y la desesperación. Esta moderación nos permite mantener una perspectiva equilibrada y evitar decisiones impulsivas o reacciones exageradas. La templanza es una virtud clave en esta práctica, ayudándonos a cultivar una mente tranquila y reflexiva.

Resiliencia y persistencia: la fortaleza mental se manifiesta en la capacidad de persistir ante los obstáculos y recuperarse de los fracasos. La resiliencia no es simplemente aguantar las dificultades, sino aprender de ellas y utilizarlas como oportunidades para crecer y fortalecer el carácter. Los estoicos ven cada desafío como una prueba de fortaleza y una oportunidad para practicar la virtud.

Propósito y significado: mantener un sentido claro de propósito y significado en la vida fortalece la mente. Saber por qué estamos haciendo algo y qué valor tiene para nosotros nos ayuda a mantenernos enfocados y motivados, incluso cuando enfrentamos dificultades. Esta claridad de propósito nos proporciona una fuente de fuerza interna y nos guía en la toma de decisiones.

La fortaleza mental en la filosofía estoica es una capacidad cultivada a través de la práctica y la reflexión. Nos permite enfrentar la vida con coraje, sabiduría y serenidad, manteniéndonos firmes en nuestros principios y objetivos. Es una virtud que no solo nos ayuda a superar las dificultades, sino que también nos permite vivir de manera más plena y significativa, en armonía con nuestros valores y con el mundo que nos rodea.

# La adaptación al cambio

La adaptación al cambio es un aspecto central en la filosofía estoica, que se basa en la comprensión de que el cambio es una constante inevitable en la vida. Los estoicos enseñan que, en lugar de resistirnos o temer al cambio, debemos aprender a aceptarlo con serenidad y a adaptarnos a las nuevas circunstancias. Esta actitud no solo nos ayuda a mantener la paz interior, sino que también nos permite vivir de manera más resiliente y flexible.

El estoicismo ofrece varias claves para adaptarse al cambio de manera efectiva:

Aceptar la impermanencia: los estoicos subrayan que todo en la vida es transitorio. Las situaciones, las emociones, las relaciones y las circunstancias cambian continuamente. Al aceptar esta impermanencia como una parte natural de la existencia, podemos reducir la resistencia al cambio y disminuir el sufrimiento que proviene de aferrarnos a lo que es inevitablemente temporal.

Distinguir entre lo controlable y lo incontrolable: una de las enseñanzas fundamentales del estoicismo es diferenciar entre lo que está bajo nuestro control (nuestras acciones, pensamientos y actitudes) y lo que no lo está (los eventos externos, las acciones de los demás, etc.). Al enfocar nuestra energía en lo que podemos controlar, desarrollamos una actitud de aceptación y adaptabilidad hacia lo que no podemos cambiar. Esta práctica nos ayuda a mantener la calma y la claridad, incluso en tiempos de incertidumbre.

Flexibilidad mental y emocional: la adaptabilidad requiere una mente flexible que pueda ajustarse a nuevas situaciones sin rigidez ni resistencia. Esto implica estar abiertos a nuevas ideas, perspectivas y formas de hacer las cosas. La flexibilidad emocional, por otro lado, nos permite manejar las emociones asociadas con el cambio, como el miedo o la ansiedad, de manera saludable y equilibrada.

Resiliencia y aprendizaje: los estoicos ven cada cambio, incluso los desafíos y contratiempos, como oportunidades para aprender y crecer. La resiliencia es la capacidad de recuperarse de las dificultades y de adaptarse a las nuevas realidades con una actitud positiva. Al ver el cambio como una oportunidad de aprendizaje, podemos encontrar significado en las experiencias difíciles y usar ese conocimiento para fortalecernos y mejorar.

Práctica de la meditación y la reflexión: la meditación y la reflexión diaria son herramientas importantes en el estoicismo para cultivar la autoobservación y la conciencia. Al reflexionar sobre nuestras reacciones al cambio y considerar cómo podemos adaptarnos de manera más efectiva, desarrollamos una mayor autocomprensión y una capacidad de respuesta más deliberada.

Mantener la perspectiva: en tiempos de cambio, es útil mantener una perspectiva amplia. Esto incluye recordar que muchos cambios, aunque desafiantes, pueden llevar a nuevas oportunidades y crecimiento. Los estoicos practican la visualización de situaciones difíciles para prepararse mentalmente y reducir la sorpresa y el impacto emocional de los cambios inesperados.

La adaptación al cambio en la filosofía estoica es una práctica de aceptación, flexibilidad y aprendizaje continuo. Nos ayuda a navegar la vida con más gracia y equilibrio, reconociendo que el cambio es una parte inevitable y, a menudo, valiosa de la experiencia humana. Al adoptar esta actitud, encontramos una mayor libertad y paz interior, ya que no estamos atados a un deseo inalcanzable de estabilidad permanente, sino que abrazamos la vida en toda su dinámica y fluidez.

# La paz interior

La paz interior es un objetivo central en la filosofía estoica, representando un estado de serenidad y equilibrio interno que no se ve perturbado por las circunstancias externas. Los estoicos enseñan que esta paz se alcanza a través del control de la mente y las emociones, y por vivir en armonía con la naturaleza y los principios de la razón.

Uno de los fundamentos para alcanzar la paz interior es la distinción entre lo que podemos controlar y lo que no. Este principio nos ayuda a enfocar nuestras energías en nuestras propias acciones, pensamientos y actitudes, liberándonos de la ansiedad que surge de intentar controlar lo incontrolable. Esta aceptación de los límites de nuestro control es un paso esencial hacia la tranquilidad mental.

Vivir en el presente es otra clave para la paz interior. Al concentrarnos en el ahora, podemos apreciar nuestras experiencias actuales sin la carga de las preocupaciones por el futuro o los remordimientos del pasado. Esta atención plena nos permite enfrentar los desafíos con una mente clara y un corazón sereno, aceptando la realidad tal como es en lugar de desear que sea diferente.

La práctica de la virtud, según los estoicos, es fundamental para la paz interior. Vivir de acuerdo con la sabiduría, la justicia, el coraje y la templanza nos proporciona una conciencia tranquila y un sentido de integridad. Este alineamiento con nuestros valores más profundos nos permite estar en paz con nosotros mismos, independientemente de las circunstancias externas.

La aceptación y la resiliencia son también componentes cruciales. Los estoicos enseñan que la vida está llena de cambios y adversidades, y que aceptar esta realidad nos ayuda a mantener la calma y la estabilidad emocional. Esta aceptación no es resignación, sino una forma de encontrar fortaleza y serenidad en medio de la incertidumbre.

La autoobservación y la reflexión diaria son prácticas que fomentan la paz interior. Al reflexionar sobre nuestras acciones, pensamientos y emociones, podemos identificar y corregir patrones que nos alejan de la tranquilidad. Esta introspección nos permite entendernos mejor y vivir de manera más coherente con nuestros valores y principios.

El desapego es otra virtud que cultiva la paz interior, liberándonos del sufrimiento causado por los deseos insatisfechos y el apego excesivo a lo material o a las opiniones de los demás. Este desapego nos permite disfrutar de una mayor libertad emocional y mental, y vivir con una mayor ligereza y tranquilidad.

La gratitud y la apreciación son fundamentales para una vida en paz. Al valorar lo que tenemos y expresar gratitud por nuestras bendiciones, incluso en momentos de dificultad, cultivamos un sentido de satisfacción y plenitud. Este enfoque positivo nos ayuda a mantener una perspectiva equilibrada y a encontrar contento en la simplicidad y la presencia.

La paz interior en la filosofía estoica es el fruto de una vida vivida con conciencia, virtud y aceptación. Es una práctica continua que nos permite enfrentar las vicisitudes de la vida con equilibrio y sabiduría, manteniendo un sentido de propósito y satisfacción que trasciende las circunstancias externas.

# La claridad de propósito

La claridad de propósito es un concepto fundamental en la filosofía estoica, que se refiere a tener una comprensión clara y definida de nuestros objetivos y valores en la vida. Esta claridad es esencial para vivir de manera intencionada y en armonía con nuestros principios, y nos ayuda a dirigir nuestras acciones y decisiones de manera coherente y significativa.

Los estoicos creen que la vida bien vivida se basa en la alineación de nuestras acciones con la virtud y la razón. Tener un propósito claro implica conocer y entender nuestras propias creencias y valores, y actuar en consecuencia. Esto nos proporciona una brújula interna que nos guía a través de las complejidades y desafíos de la vida, asegurando que nuestras decisiones estén en sintonía con lo que consideramos verdaderamente importante.

Para alcanzar esta claridad de propósito, es crucial el autoconocimiento. Los estoicos promueven la práctica de la autoobservación y la reflexión como medios para explorar y comprender nuestros deseos, motivaciones y objetivos. Al dedicar tiempo a la introspección, podemos identificar lo que realmente valoramos y distinguir entre lo que es esencial y lo que es accesorio en nuestras vidas.

La claridad de propósito también se nutre del enfoque en la virtud. En el estoicismo, la virtud es el bien supremo, y vivir virtuosamente es el propósito final de la vida. Esto incluye cultivar cualidades como la sabiduría, la justicia, el coraje y la templanza. Tener un propósito claro significa comprometerse con estas virtudes en nuestras acciones diarias, utilizando la razón para guiar nuestras decisiones y comportamientos.

La claridad de propósito nos ayuda a enfrentar los desafíos y adversidades con resiliencia. Al saber qué es lo que verdaderamente queremos y lo que valoramos, podemos mantenernos firmes en nuestros principios incluso en momentos de dificultad. Esto nos permite actuar con coraje y determinación, sin desviarnos por las circunstancias externas o las presiones sociales.

La claridad de propósito también facilita la toma de decisiones. Al tener una visión clara de nuestros objetivos y valores, podemos evaluar las opciones y elegir aquellas que estén más alineadas con nuestra misión personal. Esto nos ayuda a evitar la dispersión de esfuerzos y a concentrar nuestra energía en lo que realmente importa, lo que a su vez nos proporciona un sentido de dirección y satisfacción.

En el contexto de las relaciones y la comunidad, la claridad de propósito nos permite contribuir de manera significativa al bienestar de los demás. Al vivir de acuerdo con nuestros valores, no solo mejoramos nuestra propia vida, sino que también inspiramos y apoyamos a quienes nos rodean. Este sentido de propósito compartido fortalece los lazos comunitarios y promueve un entorno de colaboración y apoyo mutuo.

La claridad de propósito es un elemento vital para una vida plena y significativa en la filosofía estoica. Nos proporciona una base sólida sobre la cual construir nuestras acciones y decisiones, y nos guía hacia una vida de virtud, coherencia y satisfacción. Al cultivar esta claridad, encontramos un sentido más profundo de significado y propósito en nuestras vidas, que nos ayuda a navegar con sabiduría y serenidad a través de las inevitables incertidumbres y desafíos de la existencia.

# La perseverancia en la virtud

La perseverancia en la virtud es un principio central en la filosofía estoica, que se refiere al compromiso constante de vivir de acuerdo con los valores y principios éticos, independientemente de las dificultades o desafíos que puedan surgir. Este enfoque implica una dedicación continua a la práctica de la sabiduría, la justicia, el coraje y la templanza, que son las virtudes cardinales en el estoicismo.

La perseverancia en la virtud comienza con una comprensión clara de lo que significa vivir virtuosamente. Para los estoicos, la virtud es el bien supremo y la verdadera fuente de felicidad y paz interior. No se trata de alcanzar la perfección, sino de un esfuerzo constante por mejorar y actuar de acuerdo con nuestros principios, incluso cuando es difícil o inconveniente.

Este compromiso con la virtud requiere una firmeza de propósito y una fortaleza de voluntad. Es fácil mantener valores y comportamientos positivos en tiempos de comodidad y facilidad, pero la verdadera prueba del carácter se presenta en tiempos de adversidad. La perseverancia en la virtud implica mantener la calma y la integridad, incluso cuando enfrentamos situaciones desafiantes o tentaciones que podrían desviarnos de nuestro camino.

La práctica diaria de la autoobservación y la reflexión es crucial para cultivar esta perseverancia. Los estoicos enseñan que debemos revisar nuestras acciones y pensamientos regularmente, considerando en qué medida hemos vivido de acuerdo con nuestros ideales y cómo podemos mejorar. Esta introspección nos ayuda a ser conscientes de nuestras fallas y a renovar nuestro compromiso con la virtud.

La resiliencia es un componente clave de la perseverancia en la virtud. La vida está llena de altibajos, y los estoicos reconocen que es natural enfrentar fracasos y contratiempos. La resiliencia nos permite recuperarnos de estos momentos con una actitud de aprendizaje, utilizando las experiencias difíciles como oportunidades para crecer y fortalecer nuestro carácter. Esta mentalidad de crecimiento es esencial para mantenernos en el camino de la virtud.

La perseverancia en la virtud también está estrechamente relacionada con la paciencia. Entender que el desarrollo personal y la práctica de la virtud son procesos continuos y graduales nos ayuda a ser pacientes con nosotros mismos y con los demás. Esta paciencia nos permite mantenernos enfocados y motivados, incluso cuando el progreso parece lento o cuando enfrentamos repetidos desafíos.

En el contexto social, la perseverancia en la virtud tiene un impacto positivo en nuestras relaciones y comunidades. Al actuar consistentemente con integridad y justicia, nos convertimos en modelos de comportamiento ético y contribuimos al bienestar colectivo. Esta influencia positiva puede inspirar a otros a seguir un camino similar, creando un entorno de respeto y cooperación.

La perseverancia en la virtud es una expresión de amor por la verdad y el bien. Es una afirmación de que, a pesar de las dificultades, vale la pena esforzarse por vivir de acuerdo con nuestros valores más elevados. Esta dedicación nos proporciona una fuente de fortaleza y propósito, y nos ayuda a encontrar una satisfacción duradera y una paz interior que no dependen de las circunstancias externas.

La perseverancia en la virtud es un elemento esencial para una vida plena y significativa en la filosofía estoica. Nos guía a través de los desafíos de la vida con integridad y coraje, y nos permite vivir con un sentido de propósito y satisfacción que proviene de la coherencia entre nuestros valores y nuestras acciones.

# Sigue siendo un gran estoico

Como un estoico dedicado, continúo firme en la práctica y enseñanza de la virtud, buscando la sabiduría y la paz interior en cada pensamiento y acción. La filosofía estoica nos guía a través de los desafíos y vicisitudes de la vida, proporcionando una brújula moral y un ancla emocional en medio de la tempestad. En cada momento, la esencia del estoicismo nos recuerda la importancia de la autocomprensión, la aceptación de la naturaleza inmutable del cambio y el compromiso con la virtud.

La vida, en su complejidad, nos presenta constantes pruebas y lecciones. Un estoico las recibe con serenidad, reconociendo que cada desafío es una oportunidad para practicar la paciencia, el coraje y la resiliencia. En la adversidad, encuentro la ocasión para fortalecer mi carácter, para afianzar mi determinación de vivir conforme a los principios de la razón y la justicia.

La práctica del desapego, una piedra angular del estoicismo, me libera de las cadenas de los deseos desmesurados y las emociones desbordadas. En la simplicidad, hallo la verdadera riqueza; en la moderación, la verdadera libertad. La paz interior no es un destino, sino un camino constante de autoconocimiento y automejora, una práctica diaria de estar presente, de vivir con gratitud y de actuar con integridad.

La comunidad, para el estoico, es el escenario donde se manifiesta la virtud. En nuestras interacciones, se revela la justicia, la compasión y el respeto mutuo. En la búsqueda de la verdad, el estoico no se aparta de la sociedad, sino que se integra en ella, contribuyendo al bienestar común, actuando como un faro de calma y razón en un mundo a menudo turbulento.

La muerte, siempre presente en la contemplación estoica, no es un final temido, sino una transición natural. En el "memento mori", encuentro un recordatorio constante de la impermanencia de todas las cosas, una llamada a vivir plenamente, a valorar cada instante y a actuar con propósito y claridad.

Ser un gran estoico es un camino de humildad y perseverancia, un compromiso con la verdad y la virtud. Es una vida de constante reflexión y práctica, un equilibrio entre la aceptación y la acción, entre la serenidad y la determinación. Es un viaje hacia la paz interior, guiado por la luz de la razón y el amor por la virtud. Es un camino que, aunque desafiante, ofrece la más profunda satisfacción: la de vivir en armonía con uno mismo y con el universo.